美しい日本人

文藝春秋編

文春新書

1407

はじめに

明治以来、日本には、無私の人、潔《いさぎよ》い人、天晴《あっぱ》れな人――、ひと言で言うと「美しい日本人」が数多くいました。

そうした人々の生き方や考え方を知ると、そうそう、日本人ってこうだったんだよなぁとしみじみ胸に迫るものがあります。歴史に名を残さないまでも、こうした日本人は市井《しせい》にたくさんいたはずです。

ましてや、殖財と私利私欲に走る人たちのニュースが連日のように報じられる昨今にあっては、そんな〝偉人〟たちの足跡に触れれば、痛快な思いがしたり考えを改めたりすることもあるのではないでしょうか。〝偉人〟の人生は、ときとして我が身を映す鏡にもなるのです。

本書では、これまでに「文藝春秋」で記事になった数百人の人物のなかから、「美しい日本人」七十三人を厳選しました。

その分野は政官、国際社会、企業、文芸、学問、芸能……と多岐にひろがっていて、ときにその恩恵は、現在の私たちにも及んでいます。文芸や芸能の分野であれば、より多くの国民がその愉しみを味わったことでしょう。

本書が読者諸兄の人生と思考にとって、良き一助になれば幸いです。

編集部

美しい日本人◎目次

第5章　文化を豊かにした人々　107

構成：石橋俊澄　写真：文藝春秋写真資料室

第1章

日本の礎を築いた人々

鈴木貫太郎

祖父の言葉を胸に深く秘めて

鈴木道子
孫・音楽評論家

昭和天皇との阿吽《あうん》の呼吸でポツダム宣言受諾をめぐる御前会議を無条件降伏に導いた首相・鈴木貫太郎（一八六八〜一九四八年）。二・二六事件当時は侍従長で、反乱軍に襲われ瀕死の重傷を負った。孫の道子氏が語る。

祖父は背が高く肉付きもガッシリとした体格で、身体だけでなく人柄も大きな人でした。寛容、温厚、忍耐、勇断といった言葉が相応《ふさわ》しいかも知れません。

小さい頃、祖父に飛びつくと、家族から「大木にセミ」とよくからかわれました。映画などでは枯れた老人として演じられることが多いのですが、生気に満ちた祖父だからこそ難局に立ち向かえたのだと思います。

終戦の年の五月、縁故疎開から一時帰京し、母に連れられ首相となった祖父に会いに官邸を訪ねました。当時私は十三歳。東京女子高等師範学校附属高等女学校の二年生でした。敗色は日増しに濃くなり、空襲を避けるため、一、二年生は秋田県由利郡の石澤村（現・由利本荘市）に学校疎開（勤労動員）することになり、祖父に挨拶するために首相官邸を訪ねたのです。

　初夏を思わせる晴天の中、官邸の庭に咲く真紅のバラが美しく、見入っている内に突然、家族のぬくもりから離れ難くなり、私はもうどこにも行かないと言い出しました。困った母が祖父に説得を頼んだのでしょう。祖父は私を呼んで、静かに諭《さと》しました。「道子はお友達と秋田へ行きなさい」「若い人は、安全な場所に居なければいけない」「次の時代を築いていってもらわなければならないからね」。

　ああ、次の時代があるのだ。祖父は戦争を終わらせようとしている。私はそう思いました。それは一種の衝撃であり、目が覚める思いでした。祖父の言葉を深く胸に秘めたまま、私は秋田へ旅立ちました。

　あの時の祖父の言葉と共に、平和の有難さを、日々かみしめています。

吉田茂

「歴史の評価の方が大切なのだよ」

麻生太郎
孫・元総理大臣

戦後日本を牽引《けんいん》し、復興の礎《いしずえ》を築いた宰相・吉田茂（一八七八〜一九六七年）。孫であり自身も首相を務めた麻生太郎氏が、吉田の政治家としての手腕を率直に評価する。

吉田茂の何がすごかったか。後世に名を残す理由を改めて考えてみると、真っ先に思い浮かぶのは、彼の決断力ですね。

例えば、一九四七年の第一次吉田内閣の時の選挙で、自由党（現・自民党）は社会党に大敗しています。この時、社会党は自分の党から首相を出すつもりはなく、吉田に首相続投の話を持ちかけた。ただ、吉田は「それは憲政の常道に反する。首相は第一党から出すべきだ」とあくまでも筋を通し、申し出を振り切って下野しているんです。

翌年に昭電疑獄事件で社会党政権が瓦解し、迎えた次の選挙では自由党が勝利。吉田は首相の座に返り咲きました。この時も自由党の過半数獲得は難しいため社会党と連立するとの観測もありましたが、吉田は、少数与党のまま選挙に打って出て大勝したわけです。個人的には、この第三次吉田内閣成立にいたる過程こそ、政治家として彼の決断力が一番光った瞬間だと思っています。

もう一つ、極めて「現実的」だったこと、これも吉田の特徴です。

一九五一年には、渡米してサンフランシスコ平和条約と日米安全保障条約を結んでいますが、とくに後者においては吉田の現実主義的なセンスがもっとも発揮されました。

当時の米国の国務省は、日本を統治下に置いても金ばかりかかるから、早く手放したかった。一方の国防総省はソ連の脅威に備えて、日本の駐留米軍を維持したかった。二つの省庁間で意見が完全に割れていたんです。その事情をいち早く察知して、間隙を突いたのが吉田でした。

「独立の約束を取り付けるかわりに、駐留米軍は認める」という国務省と国防総省のどちらも納得する提案を持ちかけて、日米安全保障条約の調印にこぎつけた。政治家にしては珍しいほどの現実的なバランス感覚の持ち主で、もし吉田に文春の経営を任せたら、案外、上手いことやったかもしれない（笑）。

ただ、日米安保に政治生命を懸けていたのは事実で、その証拠に、サンフランシスコ平和条約には、同行した池田勇人《はやと》や苫米地《とまべち》義三《ぎぞう》もサインしていますが、日米安保の方には吉田のサインしかない。米国との交渉にあたった自分が全責任を負うから、他の人間にはサインさせないという思いがあったんでしょう。

当時の記憶で私が覚えていることと言えば、平和条約を結ぶに際して、吉田が凄まじい緊張感の中にあったということです。吉田は、ソ連や中国を外した単独講和の道を模索しました。当然、全面講和を支持する側からは猛烈な批判を受けた。

その時に、吉田が私に言ったのは、小村寿太郎と松岡洋右《ようすけ》の話でした。小村は日露戦争後に、決裂の危機も乗り越えて、ポーツマス条約を結んでいます。ただ賠償金は獲得できなかった。不満を抱いた国民から小村は石を投げつけられ、自宅に火をつけられるなどの憂き目に遭《あ》いました。一方の松岡は国際連盟で「満州国」が認められず、席を蹴って飛び出し、日本は脱退した。この行動を当時の国民は拍手をもって迎え、町では提灯《ちょうちん》行列をやるほどの大騒ぎになりました。

その話を聞いて、私はまだ小学五年生でしたが、「ああ、俺の家は、下手すると焼き討ちに遭うんだな」と子供ながらに覚悟したのを覚えています。ただ、吉田は話の最後にこう語ったんです。

「歴史を振り返れば正しかったのは小村だ。その時の世論やマスコミの評価ではなく、政治家にとっては歴史の評価の方が大切なのだよ」

講和会議を目前に控えていた頃は、願をかけたのか珍しく葉巻をやめてしまい、うちのお袋が「あの葉巻好きが、らしくないことやっているわね」と、なかば心配しながら笑っていました。調印を終え、ホテルに帰った吉田が私の父から葉巻を渡され、えらく嬉しそうに吸ったそうです。緊張していたんでしょう。

そんな祖父の気持ちも知らずに、当時の私は「おじいちゃまがママを取るからいつもママがいない」とごねていたそうです（笑）。祖母が早くに亡くなったので、母が秘書代わりに同行することが多かった。それを聞いた祖父は申し訳なさそうに、

「長いことママを取り上げて悪かった。講和会議が終わったら返すから、動物園や寄席《よせ》に行こう」

と話してくれました。条約の調印を終えたら政治家を辞めるつもりだったんでしょう。結局、次の鳩山一郎が病に倒れて、続投を余儀なくされますが、今の時代にはいない稀有《けう》な政治家だったと思いますね。

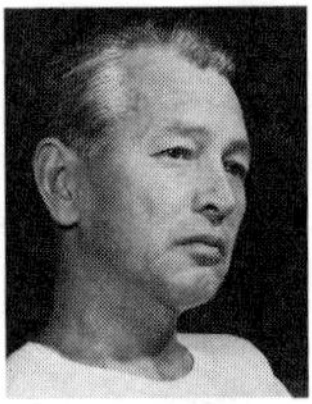

白洲次郎
吉田茂に重用された理由

青柳恵介
古美術評論家

吉田茂首相の側近としてＧＨＱと渡り合い、「従順ならざる唯一の日本人」と呼ばれた白洲次郎（一九〇二〜一九八五年）。その魅力を『風の男　白洲次郎』の著者で古美術評論家の青柳恵介氏が綴る。

一九四五（昭和二十）年、外務大臣・吉田茂に請われて、ＧＨＱと日本政府との交渉の窓口となる終戦連絡中央事務局の参与に就任したことで、白洲は一躍注目を集めた。

ＧＨＱの政策の真意を見極め、日本側の要望を正確に伝達し、アメリカを説得する——。白洲はこうした困難な交渉を一手に担い、獅子奮迅の活躍をしたのだ。

吉田は駐英大使時代に、ケンブリッジに留学経験があり、仕事でイギリスを度々《たびたび》訪れていた白洲と知己《ちき》となり、その真っ直ぐな人柄にほれこんでいた。だからこそＧＨＱとの交渉役を民間人の白洲に任せた。そして一九四八年には白洲を貿易庁の長官に据え、商工省を通商産業省に改組する任務にあたらせた。ここでも白洲を起用したのは、軍備をもたぬ日本を貿易輸出国として再生させるために海外との交渉力が必要だと考えたのだろう。

　二人は日本を国際社会に復帰させるための大きなビジョンは共有していたが、細かい意見の食い違いもあり、時に激しい議論となった。後に吉田の三女・麻生和子（麻生太郎元首相の母）に話を聞くと、外務省の人材を通産省へ移せという白洲の主張に対し、吉田は原則論から反対。時には通産省の初代官房長・永山時雄も交えて激論が交わされたそうだ。だが、翌日には二人ともケロッとしており、遺恨が残るようなことはなかったという。年齢が二回りも下の白洲を「白洲さん」や「白洲君」ではなく、「次郎さん」と呼んでいたことからも、戦後日本の礎を築いた宰相の信愛の情が読み取れる。

　白洲は一九五一年のサンフランシスコ講和条約締結のための全権団にも同行するのだが、当時の新聞には吉田の「側近政治」への批判が連日のように掲載されており、白洲次郎とは何者かという記事も目立つ。実際、議員でも官僚でもない白洲が国政を左右するポジションに立つことに、与党・自由党の中からも冷たい視線が投げられていたのだ。

それでも吉田が白洲を重用したのは、彼が公私の分別に潔癖だったためだ。私腹を肥やそうと思えば、ＧＨＱや省庁と企業の間で許認可などを巡っていくらでも金を握ることができた。実際、自宅まで札束を持参した来客もいたらしいが、「大金持ちがこんな金を貰《もら》えるか」と一喝して追い払ったという。筋の通らぬ金はビタ一文も受け取らない。公用車を私的には一切使わない。それを自分だけではなく、汚職が蔓延《まんえん》していた官界など周囲の人間にもやかましく言い続けた。白洲は自分自身のプライドを守ることに生涯をかけたと言ってもいいだろう。

ガツンと相手の肺腑を抉《えぐ》るような一言を投げかけ、喧嘩したというエピソードには事欠かないが、ユーモアのセンスも抜群だったようだ。

妻・白洲正子に聞くところでは、晩年、家族で軽井沢に旅行をしたときに次郎が酔っ払って倒れたことがあったという。慌てた孫たちが身長百八十センチの巨体をベッドになんとか運ぶと、次郎はパッと目を覚まし、「重かっただろう？」といたずらっ子のような笑みを浮かべた。

私も晩年の白洲と、彼の自宅で何度か会って話をしているが、パーティーなどで見せていた威圧感は消え、優しいおじいちゃんという雰囲気だった。三宅一生のファッションショーでモデルを務めたころのダンディさは変わらず、夕方になるとウイスキーの水割りを舐《な》めながら、庭を静かに眺める姿が何とも絵になった。当時、八十代だったが、車の話となると目をキラキラさせてガレージにこもることもあった。

正子は夫のことを吉田と同じく「次郎さん」と呼んでいたが、こんな感想を漏らしたことがある。

「次郎さんは、日本が豊かになってからはサボっていたな。ゴルフ場のことや、大工仕事に精を出してはいたけれども、平和な時代の人じゃないのよね。戦国時代に生まれさせてあげたかったな」

真面目にそう語る正子に私は少したじろぎ、夫に厳しいことを言うなと感じた。しかし、しばらくして白洲夫妻の愛情とはこういうものかとも思い直した。正子は、「次郎さん」は目の前に理不尽な敵が見えたときに敢闘する人であり、そこが魅力だったと言いたかったのだろう。

渋沢栄一

大切にしていた「持続性」

渋澤健
玄孫・元渋沢栄一記念財団理事

第一国立銀行（現・みずほ銀行）や東京株式取引所（現・東京証券取引所）を始め、約五百もの企業と約六百もの社会事業の設立に関与した実業家・渋沢栄一（一八四〇〜一九三一年）。〝日本資本主義の父〟とも呼ばれる男の思想の原点を、玄孫の渋澤健氏が語る。

栄一から数えて私は五代目に当るのですが、正直、孫の孫というだけの存在でした。代々継いできた会社があったわけではありませんし、当然本人とも面識はない。父も普通のサラリーマンでしたし、家に栄一の本が置いてある程度。しかも小学校二年から大学を卒業するまでアメリカで育ち、社会人になってからも外資系金融機関で働いていたので、長いこと〝偉大なご先祖様〟を意識することは殆《ほとん》どありませんでした。

勉強するようになったのは、二〇〇一年、投資コンサルタントとして独立しようと思い立ったときです。自分で会社を作るなら、一生で五百もの会社を作ったという高祖父の言葉を読んでおこうと思ったのがきっかけでした。例えば『青淵百話』という書籍の中には、今の言葉で言うなら「リスクを取りなさい」ということが書いてあります。そこで「これはいまの仕事にしっくり来る言葉だな」と都合のいいように解釈したりして、栄一研究にのめり込んでいきました。いまでは栄一に関する著書も何冊かあります。

　様々な書物を読んで分かったのが、栄一が事業を興《おこ》す際に大事にしていたのは、第一に「民間の力を高めなければならない」ということです。そこには彼が埼玉県深谷市の豪農の生まれだったことも関係しているでしょう。彼が生まれた江戸時代の秩序ではもちろん「士農工商」。武士が一番偉くて、商売人は下です。武士に対して、仕事もしないのに年貢だけ要求しやがって、というフラストレーションがあった。明治維新によってその旧秩序が崩壊した時に、彼のフラストレーションを解消したのが、民間における起業だったのだと思います。

　海外視察での体験も大きかった。一八六七（慶応三）年にパリ万博を視察した際、船でスエズ運河を通って行ったのですが、その運河が民間企業の資金を集めたことによって出来たことに栄一は大変驚いたのです。西洋では民間でも公の大事業を担うことが出来るのか、と。

そこで帰国後にまず静岡で、商法会所という金融と商社機能を持ついまで言う「会社」を立ち上げます。それが軌道に乗り、明治政府にスカウトされ、大蔵・民部両省で度量衡《どりょうこう》の制定や国立銀行条例制定に携《たずさ》わります。ところが予算編成を巡って大久保利通と対立し、わずか四年で退官。官尊民卑の風潮の中で「お前は堕落している」との批判も受けたようです。

しかし栄一はそれに屈せず、官僚時代に設立を指導していた第一国立銀行の頭取に就任すると、東京瓦斯（現・東京ガス）、東京海上保険（現・東京海上日動火災保険）、抄紙会社（後の王子製紙）と次々に企業の設立に参加していきます。

同時に東京慈恵会、日本赤十字社などの社会事業や商法講習所（現・一橋大学）や日本女子大学などの教育機関の立ち上げにも関わります。これも民間の力を高めたいという気持ちからのものでしょう。

事業においてもう一つ栄一が大切にしていたのは「持続性」です。著書『論語と算盤《そろばん》』には「経営者一人がいかに大富豪になっても、そのために社会の多数が貧困に陥るようでは、その幸福は継続されない」とある。企業が利益だけを追求し、資本を蓄積するだけでは豊かさは永続しない。社会に還元していくことで、長期的には社会発展という形で次の世代につながっていき、結果的に企業も永続することになる、という考えです。いまのサステナビリティーの原型ですね。

　その思想のお陰で渋沢家には財産は残っていません。五百もの企業の設立に関わったので、押入れのどこかに株券の一枚ぐらい入っているのではないかと探してみましたが、ありませんでした（笑）。ただ格好いいことを言うようですが、栄一は九十一歳という高齢で亡くなる最後まで、数多くの言葉を残してくれています。『論語と算盤』にしても、私が独立したときに読んだ『青淵百話』にしても、いまの世にも通じる示唆《しさ》に富んだ言葉ばかりです。

　驚くことに、週に一～二回は栄一の思想についての講演依頼があります。それだけ現代の日本でも彼の思想は求められているということでしょう。

土光敏夫

父が答えた行革の意味

土光陽一郎
長男・元橋学苑理事長

東芝社長などを歴任した土《ど》光《こう》敏夫（一八九六～一九八八年）は、八十四歳で第二次臨時行政調査会（第二臨調）会長に就任。質素な暮らしぶりで「メザシの土光さん」と慕われた。長男の陽一郎氏（二〇二三年に死去）が父との思い出を話す。

ＮＨＫが母と二人の食卓を映したせいでメザシが有名になりましたが、実際に好きでよく食べていました。もっともテレビに映ったのは、知人から届いた三匹千円の高級なウルメイワシだったそうですが（笑）。

岡山出身なのでママカリの寿司も好きでしたけど、つつましい生活だったのは事実です。冷暖房も、晩年になって医者に言われるまで使いませんでした。面倒がって床屋に行かず、ひと月半に一度くらい私がハサミで刈っていました。ハゲていたので、簡単でしたけどね。

「ミスター合理化」とも呼ばれましたが、元が技術者ですから、合理的精神の持ち主だったのだと思います。私も技術者を志し、一九四八年に石川島重工業（当時）に入社しました。二年後に親父が子会社から社長として戻ってきたので、同じ会社で働くことになりました。困ったなと思いましたが、接点はほとんどありませんでした。

しばらく経って航空機エンジンの設計を担当したとき、親父が集めてきた元海軍の技術者たちと一緒に働いたことがあります。その職場は失敗を恐れない雰囲気に満ちていて、重要な仕事をどんどん若手に任せていました。それが「重荷主義で育てよ」という親父の経営理念だったことは、あとで知りました。私ものちに経営者になったからわかりますが、なかなか実践できることではありません。

石川島播磨重工業（現・ＩＨＩ）と東芝の社長、経団連会長を経て、鈴木善幸《ぜんこう》首相と中曽根康弘・行政管理庁長官に請われて、第二臨調の会長に就きました。国鉄や電電公社に民営化の道筋をつけ、企業の政治献金を事実上廃止しました。行革の意味を問われた親父は、「日本人が、世界の中で冷や飯を食うような時代が来ないようにするためだ」と答えたそうです。

国のかたちより、戦争のときの苦労を国民に二度と味わわせたくないと案じていたんです。その考え方の原点となったのは、「文藝春秋」一九七五年二月号に掲載された「日本の自殺」（筆者・グループ一九八四年）という記事だった、と親父は語っています。

とにかく忙しかったので、私が子どもの頃には、目を覚ませば出かけたあとでしたし、夜は部屋に籠もって洋書を読んでばかりいました。日曜も家にいないので、遊びに連れて行ってもらった経験もほとんどありません。一番長く一緒にいたのは、亡くなるときでした。遺書は書きませんでしたが、遺言らしき言葉が二つありました。ひとつは、質素を好んだ親父らしく「葬儀は簡単にしろよ」。しかし、私が喪主を務めた葬儀には五千人以上の方が足を運んで下さり、お供物や香典こそご辞退しましたが、遺言には背《そむ》く形になってしまいました。

もうひとつは「学校の面倒を見ろよ」。敏夫の母・登美が七十一歳だった一九四二年に作った、橘学苑（当時は橘女学校）のことです。終戦直前に登美が亡くなると、親父が跡を継ぎました。横浜の鶴見にある学校の前に転居し、校長や理事長となって私財も注ぎ込んだのです。

私は、その次の理事長を引き継ぎました。親父の享年九十一を超えるこの歳まで続けてきて、学苑は男女共学の中高として創立七十五周年（記事初出の二〇一七年当時）を迎えました。二つ目の遺言は、なんとか叶えることができたのではないかと思っています。

昭和天皇
「独白録」が昭和史を変えた

保阪正康
ノンフィクション作家

「昭和天皇独白録」は「文藝春秋」一九九〇年十二月号に発表された。終戦直後の一九四六年に昭和天皇（一九〇一～一九八九年）自らが二・二六事件や太平洋戦争についての考えを語り、宮内省御用掛の寺崎英成らがまとめた文書である。ノンフィクション作家の保阪正康氏はこの文書によって昭和天皇が「人間・昭和天皇」として再発見された、と公表の意義を高く評価する。

「昭和天皇独白録」（以下、「独白録」）が世に出たことで、私たち昭和史研究者は大きな衝撃を受けました。それまでの昭和史研究は、側近の残した記録や軍人たちの手記などの断片的な証言をパズルのように組み合わせることで、昭和天皇の考えを推測してきました。しかし、「独白録」の発表によって、昭和天皇自身があの戦争をどのように考えていたのかが、より鮮明にわかるようになりました。「独白録」に書かれていることをすべて正しいと鵜呑《うの》みにすることはできませんが、少なくとも昭和史全体の見取り図を手に入れることになったのです。

「独白録」の読解から私は、昭和天皇について次の三つの新たなことがわかりました。まず昭和天皇は、目の前の人物をきちんと見て、その人の良い点、悪い点を把握している。第二に事象の本質を深く理解し、自らの考えを持っている。そして第三に自分のことについて書かれた文書や報道に目を通し、意見を持っている。

戦後の会見で、昭和天皇は歴史的事実に対して、個人的な意見を述べないようにしていました。個人名を挙げることになるとして、詳細を述べることを避けていたのです。しかし、「独白録」では、個人名を挙げて「評価」をしています。毀誉褒貶《きよほうへん》のある東條英機を「話せばよく判る」と高く評価する一方で、憲兵を使った政治を行ったことで人々の支持を失ったと冷静な分析をしています。戦後、好きなテレビ番組すら公表せず中立をよしとする姿からは想像できないものでした。

また、二・二六事件に関する箇所では、事件の概要だけでなく当時の大蔵大臣だった町田忠治《ちゅうじ》を参内《さんだい》させ、経済に与える影響を問うたと語っています。昭和天皇が、二・二六事件を一段高いところから見て、日本社会全体に与える影響を気にしていたことが分かる記述です。その視点の広さに私は驚かされました。

そして、天皇を巡る報道についてもはっきりした意見を持っていました。たとえば、天皇機関説問題では、右翼や軍部によって排撃された機関説を天皇自身が支持していたことが明確に述べられています。非常に近代的な考えを持っていたことが、明らかになったのです。私はこれらの点から昭和天皇は、英邁《えいまい》な君主であったと理解するようになりました。

このように大きな発見のあった「独白録」ですが、一九四六年時点の記録であることを忘れてはいけません。その後の四十三年間、昭和天皇は、戦争についてこれほど具体的に述べることはありませんでした。

その理由を私は「独白録」をまとめた頃と考えが変わったからだと想像しています。昭和天皇は敗戦から時が経つにつれて、忠実に戦況を報告していたと考えていた軍事指導者たちが、天皇すらを騙《だま》していたことを知り評価が大きく変わったのではないでしょうか。

いずれにせよこの記録が、昭和史を知る上で第一級の史料であることは変わりません。

「独白録」の公表が号砲となり「富田メモ」「卜部《うらべ》亮吾侍従日記」「小倉庫次《くらじ》侍従日記」など、昭和天皇に仕えた側近たちの記録がつぎつぎと世に出ました。超A級の「独白録」がすでに世に出ているからこそ、「これを出してもよいだろう」との判断が働いたのでしょう。「独白録」は、現在、考えているような昭和天皇像を私たちが築く礎となった重要な記録なのです。

第2章

世界に認められた人々

緒方貞子

小柄な体にエネルギーが満ち溢れていた

中満泉
国際連合事務次長

日本人初の国連難民高等弁務官を務め、人道支援に尽力した緒方貞子（一九二七〜二〇一九年）。いま国連で活躍する中満《なかみつ》泉氏は、緒方のエネルギー溢《あふ》れる姿に驚いたという。

「今度、高等弁務官に来る人、名前も聞いたことがない。実績もない人を選ぶなんて、困ったものだね」

一九九一年、緒方さんが高等弁務官に着任された頃、若い同僚たちとの間でこんな話が出るほど、彼女は無名に近い存在でした。

しかし、その評価はすぐに一変します。当時は第一次湾岸戦争が起きており、緒方さんは、従来の方針を転換し、厳密にはイラクの国境を出ていないクルド人も難民に準じて保護するという決断を下されます。ここから、それ以前とは大きく異なる緊急人道支援活動が始まるのです。

その頃、トルコのアンカラに勤務していた私は、現場視察にいらした緒方さんと初めてお会いしました。全く威張らずチャーミングな感じなのに、臆することなく色んな質問をして、次々と新しい案を出してくる。とても新鮮な印象を受けました。

小柄な体に、エネルギーが満ち溢れている方でした。出張から夜行便で戻ってきて、着替えて朝一でテニスコートに行かれる、なんてことはしょっちゅうで、お食事も沢山《たくさん》召し上がる。十年程前にご一緒したときも、当時八十歳を超えていた緒方さんはフルコースを食べ、ワイン一本が二人ですぐ空になりました。

体力面だけでなく、知的な行動力もすごかった。激務をこなしながら、話題の歴史書や国際関係の本は全部読まれていました。「あれ読んだ？　面白かったから、早く読まなきゃダメ」とよく言われたものです。直接、その本の著者に会いに行かれることもあったそうです。

ポスト冷戦期の新しい人道支援や国連の在り方を形作った緒方さんは、晩年、国際的プレゼンスが低下し、国内では多様性に欠ける日本は「結局グローバル国家にはなり得なかったのかもしれない」と心配しておられました。今の日本を見たら、緒方さんはなんと仰るだろうか。時々、そう思うことがあります。

杉原千畝
「だって可哀想だもん」と一言だけ

杉原伸生
四男

第二次世界大戦中、ナチスの迫害から逃れるユダヤ人難民に独断でビザを発給し、六千人もの命を救った外交官の杉原千畝《ちうね》（一九〇〇～一九八六年）。四男の杉原伸生《のぶき》氏が後年、その行動について問うと——。（写真・岐阜県八百津町提供）

終戦をヨーロッパで迎えた父は家族と共に、ソ連占領下の収容所で一年半にわたり拘束されました。一九四七年四月に帰国しましたが、しばらくして外務省から呼び出され、「例の件もあり、もうここに君の居場所はないから、辞表を出してくれ」と言われたそうです。父は役人仕事に未練はなかったようで、さっさと外務省を退職し、神奈川県の鵠沼《くげぬま》で小さな雑貨店を開きました。

ただ、家計は一気に厳しくなります。父は大変な倹約家へと変貌し、自分のためにはお金を使わなくなりました。その後は様々な仕事を経て、一九六〇年からは商社の社員としてモスクワに単身赴任しましたが、倹約生活を貫いていた。私がモスクワを訪れた際、「ご馳走してやる」と言うので何かと思ったら、スーパーでじゃがいもとソーセージを買って、アパートのトイレにある電熱器で茹《ゆ》でるだけの食事だったことがありました（笑）。それが父にとっての〝ご馳走〟だったのですね。

　父は倹約家であると同時に、とても謙虚な人間でした。ビザ発給の件について家族に自ら語る事はほとんどなかった。ですから、私がビザのことを初めて知ったのは、十八歳の時でした。父のもとに東京のイスラエル大使館から呼び出しがあり、一緒についていくと、新任の参事官がビザのコピーを前に「あなたのおかげで、私の命は助かった」と涙ながらに説明してくれたのです。父は「そりゃあ、よかったねえ」と、ニコニコしながら聞いていました。

「どうしてあんなことをしたの？」。後に私が質問すると、父は「だって可哀想だもん」と一言だけ。当然の行いというか、父にとっては特別なことではなかったのでしょうね。

晩年は家族に対して、「自分の名前を利用して金儲けに走るような事はしてはいけない」と、戒《いまし》めていた事をよく覚えています。

植村直己
エスキモーから学んだ自然との共生

湯川豊
文芸評論家

数々の冒険を成し遂げ、マッキンリー山（現・デナリ）冬季単独登頂後消息を絶った植村直己《なおみ》（一九四一～一九八四年）。担当編集者として出会い、以後相談相手として冒険行を支えた湯川豊氏が、彼の行動に貫かれていた考え方を綴った。

一九七八（昭和五十三）年、北極点へ犬橇《いぬぞり》による単独行。
一九七四～七六年、北極圏一万二千キロを犬橇で単独走破。
さらにそれ以前の、世界初の五大陸最高峰登頂（一九七〇年までに達成）。

植村直己の冒険行の事績は、いま回想してみても、輝きを少しも失なっていない。

一つには、彼の冒険行のほとんどが、日本人としてはめずらしく単独で達成された、ということがある。三番目にあげた五大陸最高峰登頂にしても、エベレストだけは日本山岳会登山隊の一員としての達成だったが、あとの四峰は、みな一人で、苦労して費用をくめんして登ったのだった。

何事にもチームワークを得意として、チームワークの力で高度成長をなしとげてきた国民にとって、植村の単独行は目を見はるように新鮮だったはずである。そしてその単独主義からはとうてい思い及ばぬような、彼のおだやかでやさしい人柄に、二度びっくりするというぐあいだった。

とにかく、同世代あるいは次世代の若者たちに、彼の存在は「ひとりだち」の勇気を与えた。冒険とか探険の領域で、植村以後はひとりで挑むという若者ががぜん多くなったのは事実である。

単独行が誰にも見やすい植村の冒険の姿であったとすれば、もう一つ、必ずしも見やすくはない植村冒険行の特徴があった。

彼の冒険は、自然を征服するのではなく、自然と共生するという方法で実現した、ということである。これは、植村が声高《こわだか》にいいつのったわけではなく、ひそかに、あるいは当然のことのように実行した、新しい姿勢だった。

十九世紀から二十世紀前半にかけての、極地をめぐる探険でも、西洋の進んだ「文明」が自然を征服するという姿をとった。そのとき、当然のようにたとえば北極圏に住む先住民たち（エスキモーや極地インディアン）は、労働力として使い捨てにされるか、良くて存在を無視された。その傾向は植村の生きた二十世紀後半にも続いていたのである。

ところが植村は、自然と共生しつつ目的を達成するということを、他ならぬエスキモーから学ぶのである。

彼の最初の夢、実現できずに逝ってしまった冒険の夢は、南極大陸三千キロを犬橇で横断するということだった。そのために、グリーンランド最北に生きるエスキモーと生活を共にし、犬橇の操縦を習得する。南極横断の夢が、北極圏での冒険につながったのである。

一九七二年、グリーンランドの人が住む集落として最北端にあるシオラパルク村に入り、空いている家を使わせてもらったりして、村の一員のような存在になった。大して苦労もなく、と傍目《はため》には見えるのだが、実際にはいくつかの試練があった。

たとえば生肉を食べる、ということがある。アザラシやトナカイ、あるいはクジラ。その生肉がエスキモーの常食だから、村の一員になるにはこれを食べなければならない。「うまいぞ」とすすめられるままに、生肉を小さく切って口に入れると、たちまち口も胃も拒否反応を起こし、胃がけいれんする。植村は、「ここが勝負どころだ」と観念して、吐き出さずに呑みこむ。

というふうにエスキモーとのつきあいが始まるのだが、驚くなかれ、一週間後には、アザラシでもクジラでも何の抵抗もなく胃袋におさまった。「私は自分の身体ながら、その適応能力に感心してしまった」と植村は淡々と書いている。

たしかに、この高度な適応能力が、植村の極地での冒険を成功させる元になった、といえる。ただし、この適応力は、何によって導かれたのかを考える必要がある。

それは、エスキモーという先住民への、心からの敬意に発している。マイナス何十度という厳しい極寒の地で生きのびてきた人びと。生きのびてきた生活の知恵。それを植村はまともに受けとめて、自分の手本とした。手本とするには、本気で敬意をいだき、本気で友人にならなければならない。

誘われるままに、村の有力者であるイヌートソア老夫妻の養子になったのも、この老人たちのもつ生活の知恵に心底感服したからに違いない。イヌートソアをはじめとするエスキモーの人びとは、自然を征服するなどという思いに一度だってとらえられたことはないだろう。自然が与えてくれる極北の動物や魚を、その必要な一部をありがたくいただき、生きながらえる。そこにはよけいな蓄財もないし、権力の集中もない。

植村は、そういう生き方が好きだった。そして好きであることが、彼の冒険を自然と共生するという方向に導いた。彼の「共生」は観念のでっちあげたものではけっしてないのである。

盛田昭夫

回遊魚のように立ち止まれない国士

盛田昌夫
次男・ソニー株式会社
エグゼクティブアドバイザー

盛田昭夫（一九二一～一九九九年）は〝世界のソニー〟を育てるかたわら、日米関係や日本の国際的な立場について旺盛に提言した。次男の盛田昌夫氏が、父の思い出を語る。

父はとにかく人が好きでした。

財界だけでなく、政治家、アーティスト、スポーツ選手など交友関係は幅広く、国内外を問いませんでした。歌手のシンディ・ローパーと頬を合わせてハグする写真が話題になるなど、日本人のイメージを変えるほど社交性がありました。

息子が言うのも変ですが、父には独特の魅力があって、元祖ロマンスグレイですから七十代になっても私よりモテたのはおもしろくなかったですね。たくさんの友人との信頼関係を築いていくことが父のレーゾンデートルだったように思えます。もちろんそれだけ多くの人に知り合えたのは、井深《いぶか》（大《まさる》）さんと育てたソニーという会社あってのことです。

井深さんと父は戦時中に、横須賀の海軍航空技術廠《しょう》支廠で出会いました。戦後に井深さんが東京通信研究所を設立すると、父が新聞記事でそのことを知って再会し、東京通信工業がスタートします。井深さんが「こんな製品が作りたい」とアイディアを出し、父たちが実現する。もともとソニーはそういう会社でした。

井深さんと父は十三歳離れていましたが、いくつになっても好奇心が旺盛という点は共通していました。父はニューヨークに出張すると、ＦＡＯシュワルツという有名玩具店に寄って、井深さんが面白がりそうなおもちゃを買ってきました。私たち子どもへのお土産《みやげ》ではありません。私がたまに会社へ遊びに行くと、井深さんの部屋で一緒にそのおもちゃを眺めていました。

二人は仕事仲間というより、「仲良し」としか形容できない関係でした。井深さんが脳梗塞の後遺症で会話が不自由になっても、意思疎通ができたほどです。

父は日米財界人会議やダボス会議で進んでチェアマンを務めるなど、国際人としての活動にも積極的でした。秘書などいませんから、たいてい一人で出かけるか、母がついていくといった具合です。

そういう経験もあって、父には「日本はこれからどうあるべきか」という強い思いがありました。ソニーのほうは大賀典雄さんはじめ優れた後継者に任せ、ビジネスの世界は卒業したつもりだったのでしょう。

七十二歳のときに父は脳卒中で倒れました。その数日前に海外出張から戻ったときは本当に疲れ切った様子でした。家族としては心配でしたが、回遊魚のように立ち止まれない人です。ここまで駆り立てるものは何なんだと、見ていて悲壮感さえ覚えました。

父は常に「日本が世界からどう見られているか」という視点を持っていました。それはソニーという世界ブランドを築き上げた経験からくる発想かもしれません。三百五十年つづく造り酒屋の家に育った父は、古いものの価値を認めながらも、新しいものを取り入れていくことが好きでした。

私がイギリスの高校に通っていた当時、言葉の壁もあって成績不振になったことがあります。そのとき父から「他人より二歩も三歩も前をゆく必要はないよ。半歩でも出れば、他人より前なんだから」と言われたことをよく覚えています。父は七十歳を過ぎても、その気持ちで日本の将来を思いながら、海外へ飛び出していたのかもしれません。私にはまるで国士のように見えていました。

湯川秀樹

一分野に囚われない「学者」

佐藤文隆
宇宙物理学者

日本人初のノーベル賞受賞者である湯川秀樹（一九〇七〜一九八一年）は、物理学の研究者にとどまらず真の「学者」であった。湯川の「追っかけ」を自認する宇宙物理学者・

佐藤文隆京都大学名誉教授が語る。

湯川秀樹を「素粒子物理学に貢献した」と書く人がいるのですが、それは間違いです。湯川は素粒子物理学の「開祖」です。

彼の「中間子理論」は後に修正されましたが、それが突破口になり素粒子物理学が始まった。欧米でもガリレオやアインシュタインに並び称される偉大な物理学者であることを、日本人はもっと認識していいと思います。

しかし、物理学だけで湯川の全体を語ることはできません。子どもの頃、祖父から漢籍の素読を指導されただけあって、専門だけに特化した「研究者」ではなく、文系的な知識にも優れた「学者」でした。

私も湯川に憧れて、山形から京都に出てきて、京大基礎物理学研究所の所長にもなったのですが、湯川はとても奥深く、人物として理解するには相当の教養が必要でした。湯川が「知魚楽」という荘子の言葉を好んで色紙に書いていると知って、荘子の本を買いに走ったこともあります。

湯川は当時からカリスマで、ある意味不自由な立場にいました。ずっと国を背負い、ご本人も大変そうでした。大学定年後は自由になりたいと思ったのか、その頃から急に文化人との対談が増えていったんです。

　梅原猛《たけし》や梅棹忠夫など当時「危ない文化人」と思われていた人たちとも臆することなく付き合い、周囲を驚かしていた記憶があります。司馬遼太郎とも番組で対談したはずですが、ＮＨＫに聞くと、当時のビデオが残っていない。もったいないことです。せっかく自由になったのに、前立腺がんの手術で体調不良が続いたのは気の毒なことでした。

　日本は「この道一筋」の研究が尊ばれる風潮があります。しかし、理数系の研究者の中からも、湯川のように一分野に囚われない「学者」が、もっと出てきていいのではないでしょうか。それが、日本人が湯川から学べることの一つかもしれません。

中村哲

失敗しても、「どげんかなるよ」

長女・ペシャワール会会員

中村秋子

アフガニスタンで人道支援事業を続けた医師・中村哲《てつ》（一九四六〜二〇一九年）は、二〇一九年、現地で銃撃され亡くなった。享年七十三。娘の秋子氏が思い出を綴る。

素朴でどこにでもいる父親でした。家にいるときは、だいたい作業着を着て庭仕事。いなくなったと思ったら部屋でコーヒーを飲みながらパソコンか読書、いつの間にかまた庭へ。

宵っ張りだった父の部屋からは、真夜中でも明かりが漏れ、好きなモーツァルトやバッハが流れていました。お手洗いなどで目が覚めた時に近くを通ると「ああ、いるんだ」となぜかほっとしていたことを思い出します。ただ、父は一度話し出すと止まらないので、就寝前はなるべく部屋に行かないようにしていました。

そんなおしゃべりな父の話は温暖化や社会問題、戦争史など、人や自然のあり方に繋《つな》がる内容が多く、アフガニスタンと日本を通して、世界を見渡していたような印象があります。

時々議論になることもありましたが、「そげん騒がんとよ、ぼんやりさせてた方がいいこともあるやろうが」、何か失敗をしても「死ぬわけじゃないけん、よかたい。どげんかなるよ」とおおらかでした。

庭には様々な観葉樹や果樹を植え、夏になると大きなプランターで野菜を育てていました。多い時には三十鉢近くになるので、五、六本あるブルーベリーの樹と共に収穫に追われます。アフガニスタン滞在中にネットで注文したビニールハウスを、母と二人で組み立てたこともありました。家族で出かけるときは、ほとんどが阿蘇や九重《くじゅう》にドライブ。特に紅葉の時期は楽しみだったようです。

アフガニスタンの大家族制に触れ「家族が一緒にいて助け合えること、帰れる場所があるということは大切」と語っていた父は、賑《にぎ》やかな環境が好きで、弟や妹が子供たちを連れて帰ってくるのが嬉しそうでした。

父は、誰かの苦難に遭遇したときに我が事として、役に立てれば、助け合えればという素朴な思いで活動をしていたと思います。そんな父の思いに共感して下さる方々がいて、事業が続いているのは何よりも嬉しいことです。

第3章

企業人を超えた影響を与えた人々

本田宗一郎

銀座で八百万円のご褒美

桜井淑敏

元ホンダＦ１総監督

「世界のホンダ」創業者であり、カリスマ経営者だった本田宗一郎（一九〇六～一九九一年）。元ホンダＦ１総監督の桜井淑敏《よしとし》氏は本田の薫陶《くんとう》を受け、数々のエンジン開発に取りくんだ。

「これは普通じゃないな」

最初に会った時、本田宗一郎の眼を見てそう感じました。たしか、入社直後の社員研修だったと思いますが、本田が現れて、いきなり「お前たち、ホンダが何をやっているのか知ってるか？」と聞いてきた。みんながシーンとしていると、「ここは人間を研究するところだ。なぜなら人間のことを分からない奴にいい商品は作れない」と言い放った。笑みを浮かべていても、絶対に眼は笑わない。「ああ、この人には嘘はつけないな」と、その時に思いましたね。

私が二十五歳のとき、当時のホンダは、世界一厳しいと言われた米国の排ガス規制法をクリアするために、低公害エンジン「ＣＶＣＣ」の開発に取り組んでいました。私はその設計チームのリーダーを任された。実現の見込みはなく「一か八か」という意味で社内では「イッパチ」グループと呼ばれていました。

本田は毎日必ず午後四時になると「どうだった？」と結果を聞きに研究所に顔を出す。我々が「今日も駄目でした」と言うと、すぐに「うーん、じゃあ、明日はこういうのをやってみよう」とその場に座り込んで、床に白いチョークで漫画みたいなエンジンの絵を描いて帰っちゃう。残った我々は、翌日には結果を報告しないと本田に怒られるわけですよ。だからみんな必死になって、その漫画絵の意味を理解して、それを元に設計図を書く。普通は三週間かかるところを半日でやっちゃう。そんな生活を半年間続けました。

ある日は、本田が「シリンダーの中の空気をかき回してみよう」と言い出した。それには空気を注入するための大型ポンプが必要で、夜を徹して東京中を探し回りました。結局、大森に自衛隊の仕事を請け負う町工場があって、所有していることを突き止めた。嫌がる工場の社長に「日本のために」なんて言って、急遽《きゅうきょ》一日だけ貸してもらいました。

でも、全然ダメでね。翌日、結果が楽しみで、意気揚々と研究所に現れた本田に「また駄目でした」と告げましたが、傍《かたわ》らにあった大型ポンプを見て「こいつらは徹底的にやるんだな」と感心している様子でした。

苦境の中にあっても、本田は絶対に諦めない。頭の中がカーッと回転していて、次々と新しいアイデアを思いつくんです。私たちも苦しいと感じたことは一度もなくて、何かお祭りのような、本田宗一郎という神輿《みこし》を担いでテンション高く開発している感じ。本田はそういうムードを作るのが非常に上手かったですね。

最終的にＣＶＣＣを開発できた時には、本田も大喜びして「お前たち、これから銀座に行って飲めるだけ飲んでこい」と言ってくれた。今のお金にすれば、一晩で八百万円は使いました（笑）。

実は、ＣＶＣＣの開発の最中に、忘れられない出来事がありました。

いつものように本田が、研究所から帰ろうと五メートルほど歩いたところ。急に振り返り、戻ってきたかと思うといきなり、「お前たち、これ、何のためにやっているかわかるか？」と言いだした。「ここでホンダが他社に先駆けて低公害エンジンを開発すれば、最後発だったメーカーが世界のトップになる。ホンダにとってこんなチャンスはないんだぞ」と発破《はっぱ》をかけられたんです。

ただ、再び帰ろうとする彼を、私は思わず「社長！」と言って呼び止めた。そして続けざまに「僕は、会社ではなく人類のためにやっているんです」と言ってしまった。自分なりに環境問題の勉強をしていてＣＶＣＣの必要性を痛感していた。何も会社のために開発していたわけではなかったんです。その瞬間、本田はジーッと五秒くらい私の顔を見つめて、何も言わずに帰って行った。さすがに「これはヤバイ。クビになるかも」と内心焦りました（笑）。

それから一年半後くらいに本田は引退するんですが、その際に一冊の本を出版しています。その中の一節を読んでギョッとしました。「自分が引退を決意したのはこういうことがあったから……」と、そこには私が呼び止めた場面が書かれていたんです。「自分の時代は終わったと感じた」と。他の社員が読んでもピンと来ないけど、私は張本人だから、一人でビックリしたわけです。

「人間を研究する」「真実は権力よりも強い」と数々の名言を残している本田ですが、自分が引退を決意した時も、やはり普遍的なことに価値を置いていた。そう思い至った時にすごく嬉しくなったのを覚えています。

藤沢武夫
「人間は褒められるために生まれてきた」

藤沢文翁
孫・劇作家

本田宗一郎とタッグを組み、〝世界のホンダ〟を育てた名経営者・藤沢武夫（一九一〇～一九八八年）。孫で劇作家・舞台演出家の藤沢文翁《ぶんおう》氏が思い出を語る。

貿易商の両親はパリにいることが多く、幼い頃から六本木にあった祖父の家で暮らしました。ホンダの副社長を退いたあと、祖父は自宅で骨董屋を営み、趣味人の生活を送っていました。いつも和服姿で、夜は常磐津《ときわず》の師匠を招いて稽古をする。小学生の私を連れて歌舞伎、オペラ、落語などへ出かけ、子ども相手にビジネスの話も平気でする人でした。

ホンダでは「ゴジラ」と渾名《あだな》されたほど大声で怒鳴りつけた逸話が残っていますが、怒鳴られた記憶はありません。ただ、小言はしょっちゅうでした。

祖父がお手伝いさんにお茶を頼んだとき、「僕も」と言ったことがあります。すると祖父は「ちょっと待て。おれは脚が悪いからお願いしたんだ。五体満足で一銭も稼いでないお前がなんで頼む」と咎《とが》めた。「ごめんなさい」と謝ると、「ごめんじゃないだろう。大層な理由があるなら聞こうじゃねえか」と江戸弁の小言がはじまります。「お手伝いさんも家に帰れば一城の主だ。お前がアゴで使うのは違う」という。

祖父は「人間は褒められるために生まれてきた」が口癖でした。ホンダで「私の履歴書」みたいに社員の功績をまとめた冊子を作ったのも、社員の家族に彼らの偉業を知ってもらいたいという祖父の哲学が根底にあったのでしょう。

私は絵が苦手で、学校で描いた絵を先生や同級生にからかわれたことがありました。祖父に「見せてみろ」と言われて渡したら、後日その絵をもとに祖母の帯を仕立てさせました。歌舞伎やパーティーに締めていくと、「あら、斬新で素敵」「どちらの先生が描いたの？」と褒められる。「こんなもんよ」と、祖父と祖母が私を励まそうと仕組んだいたずらでした。

本田さんと祖父には、趣味が正反対のせいか、不仲説があったようです。スポーツカーを運転し、ゴルフやお酒が好きな本田さんに対して、祖父は運転しないし、下戸《げこ》でした。社員たちの前で本田さんは祖父のことを「六本木」、祖父は本田さんを「西落合」と住んでいる場所で呼んでいたのも疎遠な感じを与えたのかもしれません。

しかし祖父は「彼のような男は百年に一人だ。何度生まれ変わっても、仕事のパートナーは本田さん以外に考えられない」と話していました。八七年のＦ１レースでホンダチームが優勝したときも、すぐ本田さんに電話して「勝ったね」とうれしそうに話していました。

私が小学六年だった八八年の暮れ、祖父は心筋梗塞で急逝しました。本田さんはその晩に駆けつけてこられ、荼毘《だび》に付したあとも弔問に訪れました。祖父の遺影に手を合わせた本田さんは、「よぉ、景気はどうだい？」と声をかけました。そしてすぐ後ろにいた私のほうに振り向いて、「この顔を見ると、それしか思い浮かばないんだ」と言いました。本田さんの泣きだしそうな、はにかむような表情を見た瞬間、「おじいちゃんがこの人についてきた理由はこれなんだ」と思いました。愛嬌のある顔に悲しみがあふれ、三十四年（記事初出の二〇二二年当時）経ったいまでも思いだすと胸が熱くなります。子ども心に、祖父が本田さんに人生を捧げた理由がわかった気がしました。

祖父は「経営はアートだ」と言っていました。役員室は大部屋方式、役員の子弟は入社できない、創業二十五周年を前に社長の本田さんと副社長の祖父が同時に引退する――祖父の経営手法には独特の美学があったと思います。

「僕はホンダに入れないの？」と尋ねたことがあります。祖父は「入れないいんじゃない、おれはお前さんたちに自由をあげたんだよ」と言いました。

祖父の真意を理解したのは芸能の世界に入ってからです。周りには藤沢武夫を知らない人がたくさんいて、祖父と観た歌舞伎やオペラはクリエイティブな発想の原点になっている。現在の自分は、藤沢武夫が晩年に没頭した趣味のカケラからできている、と最近よく思います。

大原孫三郎

労働者の幸せを突き詰めた人

大原謙一郎
孫・元大原美術館名誉理事長

倉敷紡績を主軸にクラレ、中国電力と事業を拡大した創業家二代目の大原孫三郎（一八八〇〜一九四三年）。クラレで副社長を務めたこともある孫の大原謙一郎氏が、祖父の功績を振り返った。

孫三郎がなくなったのは、私が二歳のときで、直接的な記憶は多くありません。ただ、祖父を知る人からは、私はよく「タレ目でじいさん似だ」と言われてきたので、格別の親しみはありました。

ただし、祖父の印象は人によって異なります。数字一つ間違えるだけで機嫌を悪くする怖い人だったという人もいれば、大変やさしかったという人もいる。たしかに孤児院への支援や、大原美術館を開くきっかけとなった画家との交流など、祖父の活動は事業以外にも多面的です。

そんな祖父を振り返るとき、私が一番感銘を受けるのは「根源まで突き詰める」人だったことです。その象徴が、大原社会問題研究所（現・法政大学大原社会問題研究所）、倉敷労働科学研究所（現・大原記念労働科学研究所）、大原奨農会農業研究所（現・岡山大学資源植物科学研究所）という、孫三郎がつくった三つの研究所です。

一九二一年、労働科学研究所を開設するとき、孫三郎は新進の研究者・暉峻義《てるおかぎ》等《とう》を深夜の自社紡績工場に招き、二人で女性たちが働く様子を観察しました。暗い天井から吊られた裸電球の下、綿埃の中で十五歳ぐらいの少女が眠そうな目で働いている。その様子を見せたうえで、孫三郎は「この少女たちが健康で幸せになるよう」な方策を研究してほしいと暉峻に依頼したのです。

それ以前に孫三郎は、中抜きで搾取する飯場制度をやめさせ、従業員の寄宿舎もつくっていました。それだけでも労働環境の改善として当時画期的な措置でしたが、孫三郎はそれで満足しなかった。どうしたら労働者が幸せになるのか、その根源を突き詰めようとしたのです。そこで暉峻を欧州まで派遣した後、労働科学研究所を開設した。研究には、経済学から医学や心理学まで取り入れたのも、労働における真理を求めたかったからでした。

こうした姿勢は、ほかの研究所も同様でした。

社会問題研究所は、孤児院を運営していた友人で慈善事業家の石井十次《じゅうじ》が死去後、この方法だけでは根本的に貧困がなくならないことに気づいたことが契機でした。そこで高野岩三郎や森戸辰男、大内兵衛といったマルクス経済学や社会主義思想の学者に声をかけ研究に加わってもらった。当時の社会情勢を考えれば、危険思想と捉えられ、官憲に睨《にら》まれる可能性もありました。それでも表面をなぞるような研究では満足せず設立したのが社会問題研究所でした。

農業研究所では、自らの土地をもたない小作農のため、二つの方策を掲げました。一つは技術開発で安くてよい米をつくる、もう一つは自ら土地をもつ自作農を増やすこと。当時大原家は六百町歩《ちょうぶ》を所有し、二千五百人という小作人を抱えていました。それが自作農となれば、自らの利益とは反しますが、あえて実行した。さらに、大原家小作俵米品評会という会を催して、米の改良を促した。

こうした研究所は直接本業に関わるものではありませんでしたが、「根源まで突き詰める」知的探究心に負うところが大きかったように思います。

祖父に孤児や貧民への人間愛や共感があったことは否定しません。ただ、そうした感性的なものに留まらず、その先にある仕組みや法則などに関心を強くもっていたのではないかと思えるのです。

もとより孫三郎は「勝負をするなら絶対負けてはいけない」と考える人でした。新しく事業を興す際、十人中五人が賛成するような時点での着手は手遅れだとし、「二〜三人が賛成するときに始めなければいけない」とリスクを厭《いと》わない人でもありました。経営陣の多くが反対する中、新しい人造絹糸《けんし》＝レーヨンへの投資に踏み切り、現在のクラレの礎を築いた。時代を考えるとその決断に思いを馳せないわけにはいきません。

私自身、若い頃に大きな事業の決断を任されたとき、祖父のことに思いを馳せました。

一九七一年、まだ三十歳だった私が責任者として新しい技術の不織布について米企業と交渉する機会がありました。繊維事業の新分野を拓《ひら》く重要な契約でした。そのような大きな決断をする際には、祖父が決断して進めたレーヨン事業の創業の地に一人で立ち寄ることにしていました。倉敷を流れる高梁《たかはし》川のほとりの工場の現場に立ち、祖父は当時どんなことを考えたのか、自分と重ねて想像してみるのです。幸いその時決断した不織布の事業はクラレのひとつの収入源になりました。

「根源まで突き詰めて考える」。そんな孫三郎の姿勢に、私自身も影響されてきたのかなと思います。

星一

製薬会社に無料の学校を創設

星マリナ

孫・星ライブラリ代表

日本で初めてチェーン店制度を取り入れ、「東洋の製薬王」と呼ばれた星一《はじめ》（一八七三～一九五一年）は、星薬科大学の創始者でもあった。息子は作家の星新一。その娘、星マリナ氏が祖父について語る。

私の祖父の人生を、ごくショートショートに紹介するとこんな感じです。

一八七三（明治六）年に福島県いわき市の農家にうまれた星一は、『西国立志編』（サミュエル・スマイルズ著）に感銘をうけ、アメリカで勉強して実業家になることを夢にみました。ところがサンフランシスコについた直後に、持ってきたお金をだましとられて一文無しに。

働きながらコロンビア大学にかよい、苦労して修士号を取得。三十一歳のときに日本にもどり、星製薬を創業します。鎮痛剤モルヒネの国産化に成功するほか、「ホシ胃腸薬」などが好調で大躍進するも、大正末期の政争にまきこまれ、政官財一体の妨害にあい破産。政権交代後。台湾でキナ（マラリア特効薬の原料）を栽培し、ふたたび事業を軌道にのせるも、敗戦でその土地をうしない、東京の工場も空襲で大破。

戦後。接収をまぬがれていたペルーの所有地で、コカ（局所麻酔薬の原料）栽培などの事業再開をめざしますが、ペルーへむかう途中のアメリカで脳溢血にたおれ、七十七歳で急逝。

そして没後……。二十四歳だった息子・星新一が星製薬をひきつぐも、たてなおすことができずに会社を手ばなす結果となったのでした。

のちに作家となった星新一が書いた伝記などからは、どんな困難にもくじけずに明るくまっすぐに生きた星一の熱量がつたわってくるとともに、作家・星新一にとって、星一がどれほどのインスピレーションであったかがよくわかります。

当時、五反田には大きくて近代的な星製薬の工場がありました。最盛期に工場で働いていた社員は三千人。荷物用エレベーター、瓶詰めオートメーションといった最新設備と、社員食堂に図書館、敷地内の幼稚園やレントゲンもとれる歯科治療所。商品である薬品、化粧品、食品、日用品などの製造はもちろんのこと、紙容器や段ボール箱の製造から、社報、PR新聞、ポスターの印刷までおこなっていました。

そして「一町村一店舗」で全国に展開していた特約店は約三万店。ひとつの村に特約店希望の店舗が複数あった場合は、より貧しいほうを選んでいたということです。

私がなによりも感心するのは、星一の頭のなかにあったのが常に「親切第一」であり「社会奉仕」だった点です。現在の星薬科大学の前身である星製薬商業学校も、特約店の子弟や店員を教育し、世界に奉仕する人材を育成することを目指してはじまったもので、授業料は無料でした。

五年前（二〇一二年）に私が星薬科大学を訪れたときのことです。たまたま同じ日に大学にいらしていた卒業生のご家族にお会いしました。九十代とおっしゃるその男性のお兄さんは、卒業してすぐに戦争にとられ、戦地で亡くなられたそうで、お兄さんの命日であるその日に母校を訪れたということでした。

ご家族は、私に会う前に構内を見学され、お兄さんがうつっている相撲部の写真を見つけたことを、うれしそうに話してくださいました。そして、「兄は、この学校で学ぶことができてよかったと言っていました。とてもたのしかったと。こんなにすばらしい学校で学ばせていただき、本当にありがとうございました」と、目に涙をためて私に頭をさげるのです。

私自身は、その方のために何ひとつしていないので、お礼を言われて恐縮すると同時に、経過している時間の長さに圧倒されてしまいました。その時点で終戦から六十七年、星一が亡くなってから六十一年経っていました。星一の胸像の前でご家族と一緒に写真にうつりながら、友人とたのしそうにあるくお兄さんの姿が見えたようで、私も泣きそうになってしまいました。

原料を栽培する。工場で製薬する。全国で販売する。病気を治す。痛みを減らす。そうして得た利益で自分が贅沢《ぜいたく》をしたいとは、星一は考えなかったのです。そのお金を社会にどのように還元し、どのように投資すると、より多くの人が幸せになれるか、その構想を細部にわたって考え、実行していたのです。

ねたみや妨害や戦争のない世界であったら、星一の理想とした社会は、どれほどの人を幸せにできたのだろうか。どれほど日本を豊かにできたのだろうか。それは夢物語であり、身内の贔屓目《ひいきめ》なのかもしれません。それでも、理想の社会というのは、めざすことに意義があるのではないかということを、祖父の生き方は私に教えてくれます。

その出会い以来、ときどき考えるのです。私は、自分が死んで何十年もたったあとに、孫がだれかに感謝されるような生きかたをしているだろうかと。それが今の私のモラルコンパスとなっているのでした。

井深大
技術の前では社長も新入社員もない

森尾稔
元ソニー副会長

終戦の翌年にソニーを設立し、盛田昭夫とともに革新的な製品を世に送り出した井深大（一九〇八～一九九七年）。二十代の頃から井深の薫陶を受け、ソニーの副社長、副会長を務めた森尾稔氏が思い出を語る。

井深さんは好奇心の塊でした。

午後二時か三時頃になると、開発現場にふらっと入ってきて、私たち社員の机を覗《のぞ》き込む。「これ何？」と興味深そうに尋ね、新しい技術だとわかると「面白そうだね」とさらに知りたがる。技術の前では、社長も新入社員もない。井深さんと私は三十一の年齢差があっても、技術については対等に話せました。

私が入社した一九六三年頃は、指導教授から「あんな町工場みたいなところへなぜいくんだ」と言われたほど、ソニーは小さな会社でした。東京大学の電子工学科で就職を希望したのは私ひとり。大学四年の企業実習で五反田の工場に二週間ほど通ってみたら、職場の雰囲気はいいし、おもしろい仕事ができそうだからと選んだのです。

井深さんは、私が所属した半導体部の会議をのぞくこともありました。思い出深いのは、「トリニトロン」の開発です。私は入社四年目で、トランジスタの回路設計を担当しました。カラーテレビは六四年の東京オリンピックから普及し、ラジオで忙しかったソニーは最後発で参入したばかりでした。

当時のカラーテレビは、部屋の明かりを消して観るほど画面が暗く、とにかく明るくすることが至上命令。真空管がないオールトランジスタのカラーテレビに挑戦していました。

その開発中に、井深さんは「キリリティ」という造語を生み出しました。解像度は同じでも、キリッと映るブラウン管とそうでないものがある。「こっちのほうがキリリティが高いな」と言い出したのです。既存のモノサシに縛られない井深さんらしい評価基準でした。

トリニトロンという商品名を考えたのも井深さんです。あの明るい画面は、一本の太い電子銃から三本のビームが出る新技術で実現しました。開発部の吉田進、大越明男、宮岡千里《せんり》の三人が苦労して完成させたものです。クリスチャンだった井深さんはトリニティ（三位一体）とエレクトロン（電子管）を組み合わせて命名したのです。

デザインも独創的でした。当時の主流だった立派な家具調は、井深さんは「仏壇スタイル」と呼んで嫌っていました。「画面だけあればいい」と機能美を追求したのです。

トリニトロンは人気商品となり、アメリカでも発売されました。しかしヨーロッパ市場は、規格が違って参入できない状況でした。ＰＡＬ方式といって旧西ドイツの企業が特許をもつ技術です。日本企業はその技術を使わせてもらえず、市場から閉め出されていました。

私はＰＡＬ特許方式を使わない方法を研究し、新技術を開発しました。井深さんはおもしろがり、「本当かい。現地でフィールドテストするから一緒に行こう」とイギリス出張が決まり、井深さんの奥さんも同行されることになりました。

私は帰国後に知ったのですが、井深さんは五十七歳で再婚したばかり。新婚旅行も兼ねていたのでしょう。このイギリス出張をきっかけに、ご自宅にも遊びにうかがうようになりました。奥さんと私の妻が親しくなり、四人で麻雀卓を囲んだこともあります。

私が開発部門の管理職になった頃は、井深さんは名誉会長となり経営の一線からは退いておられましたが、開発の会議には時々姿を見せました。あるとき、年度予算の会議にふらっと現れ、私たちが開発テーマを検討している間は黙って聞いていましたが、会議室を出ていくときに「みんなで話し合っていては世の中をあっと言わせる製品はできないよ」と言われたんです。井深さん自身、トランジスタラジオの開発は周りから猛反対されたと聞いています。「ウォークマン」、ＣＣＤ（電荷結合素子）、「プレイステーション」なども、周囲の反対を乗り越え実現した製品です。反対されても開発を続けられるのがソニーの風土です。

晩年になっても井深さんの好奇心と探究心は衰えませんでした。九五年にデジカメ「サイバーショット」の試作品ができ、ご自宅へ持って行ったときのことです。デジカメの製品化は、井深さんの夢でした。その頃は、もうほとんどベッドに寝たきりでしたが、サイバーショットを手に持って「よくできたねぇ」とよろこんでいました。まず褒めて労をねぎらったあと、「でも、まだ重たいね」としっかり改善点を指摘されました。最高の製品にこだわりつづける姿は、現役時代と少しも変わりありませんでした。

五代友厚

大阪を商都に育てた功労者

曾孫・元日本航空宇宙学会会長　**五代富文**

実業家・五代友厚（一八三五～一八八五年）は明治維新で大打撃を受けた大阪で次々と新規事業を立ち上げ、経済を立て直した。政府の役人だった友厚は、なぜ官を辞して民間に分け入り、近代的な産業や商業の仕組み作りに尽力したのか。友厚の曾孫で日本航空宇宙学会会長を務めた五代富文氏が語る。

ＮＨＫの朝ドラの影響や、二〇一五年が生誕百八十年だったこともあり、生誕の地である鹿児島市や商業の発展に尽くした大阪で式典や展覧会が行われるなど、友厚への関心が高まったことは大変嬉しく思います。私も以前、友厚が一八七八（明治十一）年に設立した大阪商法会議所（現・大阪商工会議所）で講演をしたこともありますし、同じく友厚が開設した大阪株式取引所（現・大阪取引所）の銅像除幕式では、親族を代表してご挨拶をさせて頂きました。

ただ私の人生に友厚が与えた影響は、正直なところ大きくはありませんでした。私は友厚の鉱山業を継いだ婿養子・龍作の孫にあたります。ただ東京大学教授で鉱業学の権威だった龍作は、私が六歳の時に亡くなりましたので殆ど記憶がありません。父の正友は理学部卒で日本光学工業（現・ニコン）で働き、私も航空学科卒業後はロケット開発の道を歩んできました。友厚との関わりと言えば、ロケット発射基地のある種子島へ行く際に鹿児島市内で友厚の像の前を通り過ぎるぐらいのもの。それも案内をしてくれた地元の方に「ここ五代さんのひいお祖父さんの像があるんですよ」「えっ！　そうなの」というレベルでお恥ずかしいばかりです（笑）。

それでも仕事が落ち着いてからは友厚に関する文献を読むようになり、「先を読む力」

をもっていた人なのだと思うようになりました。強いて私との共通点を探すとすれば、当時の欧州と日本の圧倒的な経済力と産業力の差を感じた友厚同様、私もＮＡＳＡと日本の宇宙技術力の差に切迫感をもっていたということでしょうか。

私は一九六〇年代、幸運にもアメリカのアポロ計画の真っただ中に、日本初のＮＡＳＡ留学生として最先端のカリフォルニア工科大学で学ぶことができました。当時日本はペンシルロケットよりは少し大きい小型ロケットを作っているような時期です。今では考えられませんが、ＮＡＳＡは開発しているものを何でも見せてくれました。愕然《がくぜん》とするほどの技術差があったからでしょうか。その経験が、後にＨ－Ⅱロケットという形で結実することになりました。

友厚は一八六五年、薩摩藩遣英使節団としてイギリスに出発、欧州各地を巡歴します。当時のイギリスは産業革命の中心地で、世界一の技術を持っていた。ここで日本と欧米列強との圧倒的な実力差に焦り、「何とかして追いつかねばならない」と、帰国後、矢継ぎ早に様々な事業に乗り出したのではないでしょうか。

当初は大久保利通に才能を買われ、明治政府の役人として改革を進めていましたが、二年も経たないうちに辞めてしまいました。恐らくそれも「政府にいてはなかなかスピーディーに物事を進められない」という焦りがあったからでしょう。官僚システムは今も昔も変わりません。当時の政府は様々な藩の勢力やお公家さんがいて、調整が非常に面倒。それゆえ下野して民間で事業を興していこうとしたのだと思います。

大阪で金銀分析所、活版印刷所、造幣寮（現・造幣局）を立て続けに設立、大阪株式取引所と大阪商法会議所の開設は、一月しか違いません。当時の先端事業、通信・鉄道などのインフラや教育機関整備を、経済基盤の整備とともにすすめています。こんなスピードで多方面にわたり、同時進行形ですすめているのは驚きです。

起業したいという人物にお金を貸し、自らも会社を設立して、資金を援助してくれる仲間を募って……と次々に新事業を立ち上げるものだから、お金を貯めこもうという発想も恐らく無かった。よく一八八一年の「開拓使官有物払い下げ事件」が私腹を肥やすためだと批判されます。北海道開拓長官の黒田清隆が開拓使官有物を友厚らの関西貿易商会に安値・無利子で払い下げようとした、と。しかしあれも官民癒着というよりは産業革命を遂行するために手を差し伸べただけ。実際に友厚自身は蓄財していません。

結果、友厚が糖尿病により四十九歳の若さで亡くなったときには、百万円（現代だと数十億円）という莫大な借金が残っていたそうです。子孫としてはあれだけの事業を興したのだから少しでも残してほしかったと思わなくもないですが（笑）、それが友厚のいいところだったのでしょう。最晩年は築地の別邸で暮らし、病気になりながらも海運会社の設立の斡旋《あっせん》をしていました。大阪で行なわれた葬式には四千三百人もの弔問客が訪れたそうです。

安藤百福
カップヌードルは地球上で最後に残る

安藤宏基
次男・日清食品ホールディングス社長

チキンラーメンやカップヌードルを開発して国民食に育てた日清食品の創業者・安藤百《もも》福《ふく》（一九一〇～二〇〇七年）。現社長の安藤宏基《こうき》氏は、衰えない情熱を持った父の背中を見続けてきた。

研究室とは名ばかりの家の離れの小屋で、創業者がチキンラーメンの開発に没頭していた時、私は小学生でした。黒焦げの麺、湯をかけても戻らない麺……失敗作が山になっていたことを思い出します。

カップヌードル開発の際には様々な試作品のカップを毎晩持ち帰り、夜触り、朝起きて触り、「どう思う？」と私にも聞いてきました。何度失敗してもあきらめず、完成するまで続ける人でした。戦後の貧しい中、「食が満たされてこそ世の中が平和になる」という熱い思いがそれを成し遂げさせたのでしょう。「できる立場の者がやらないのは罪だ」と後年も繰り返していました。

チキンラーメンもカップヌードルも、「最初からここまで考えられていたのか」と未だに驚くことがあります。例えば、創業者はチキンラーメンを作る際、スープを麺に染み込ませることにこだわりました。スープの包装袋をなくすことで、CO_2排出削減に役立つことになるのです。

しかも、試行錯誤の末に発明した技術にもかかわらず、「野中の一本杉より森のほうが強い」と言ってその特許を公開し、世界中で製造されるようになりました。どこかで災害が起きると、現地の製造事業者が非常食としてカップ麺を拠出する世界的な枠組みまで作り上げたのです。

チキンラーメンを発売した一九五八年当時は、マーケティングという言葉すら無い時代でした。しかし、開発商品の販売戦略を組み、一気に量販体制を築いてテレビＣＭを打ち、顧客の声を聞く体制はマーケティングそのものでした。

二〇二一年に発売五十年を迎えたカップヌードルは世界百カ国で販売され、累計五百億食を達成した今でも、私は創業者から学ぶことばかりです。そして、カップヌードルはこれからも時代とともに進化を遂げ、地球上で最後に残る商品だと信じています。

小林一三

百歩先ではなく「十歩先」を見る

松岡功
孫・元東宝名誉会長

阪急電鉄、宝塚歌劇団、東宝などを擁する阪急グループ（現・阪急阪神東宝グループ）を築いた実業家の小林一三《いちぞう》（一八七三〜一九五七年）。その実像を、東宝名誉会長を務めた孫の松岡功氏が語る。

私が子供の頃、家庭における小林は、ごく普通のお爺さんでした。

しかし私が高校生の時、こんな出来事がありました。

映画の試写会の券をたまたま知人から二枚貰い、妹を連れて行った時のこと。小林が後から試写室に入ってきて、私と視線が合うと、「なぜお前たちがここにいるのか？」と、硬い口調で問うたのです。私たちが小林の名前を使って潜《もぐ》り込んだとでも思ったのでしょう。その一言には、公私混同を厳しく戒める思いが込められているように感じられました。

私が大学を卒業して東宝に入ったのは、小林が亡くなった同じ年。その仕事ぶりを直接見ることはできませんでしたが、後に、小林の遺産の大きさを知りました。

小林は昭和二十六年、大争議の影響で低迷していた東宝の社長に復帰すると、「全国に映画館を百館建てよう」と提唱し、各都市の一等地に次々と映画館を建てました。その映画館を建て替える際、余っていた容積率を利用することで、東宝に大きな不動産事業収入をもたらすことになるのです。のちに映画人口の減少と共に映画館の数も減りましたが、東宝の映画館は残りました。小林が映画製作を優先していれば、今の東宝はなかったかもしれません。

大衆を相手に日銭商売をしていた小林の目は、つねに先を見ていました。昭和初期の不況時、阪急百貨店のレストランでライスだけを頼んでソースをかけて食べていたお客がいました。利益になりませんが、「将来、いいお客さんとして戻って来てくれるのだから」と、小林はそうしたお客も歓迎したそうです。

小林は、現状だけを見るのではなく、百歩先を見るのでもなく、「十歩先」を見ることが大事だという趣旨の言葉を遺しました。近未来に備えて努力すること。それは現代の経営にも通じると思うのです。

三島海雲

カルピスで特許を取らなかった

小山洋之介
元カルピス常務取締役

日本初の乳酸菌飲料「カルピス」を生み出した実業家・三島海雲《かいうん》（一八七八〜一九七四年）。国民の健康とビジネスを結び付けた稀代の経営者の生き方を、三島に直接薫陶を受

けた元カルピス常務取締役の小山洋之介氏が語る（写真・三島海雲記念財団提供）。

まず三島社長と言えば、思い出すのはメモです。4Bのエンピツとわら半紙をいつも枕元に置いていて、思いついたことを書き留めておくのです。翌朝、秘書がそのメモを解読し（初見では読めない癖のある字でした）しかるべき部署に届けていました。ここにあらゆるアイディアが詰まっていました。

私は一九五七（昭和三十二）年にカルピス食品工業（当時）に入社しましたから、三島社長はすでに雲の上の存在でした。しかし、商品開発の部門におりましたので、「こういったものを作れないか」という命令が、メモを通じて飛んできました。

三島社長のモットーは「美味くて身体によいものを」でした。この両方の課題をクリアするのは、並大抵のことではありません。よいものは原材料も高く、商品にしても一般の人が手に取れるような価格ではなくなってしまうのです。常々、三島社長は「カルピスは経済的である」と言っていました。庶民が手に取りやすい価格であることも必須条件だったのです。

いち開発担当者としては、理想が高いほど挑みがいがあり、苦労はしながらも楽しい日々でした。

その発想力は、他を凌駕《りょうが》していましたし、先見の明がありました。いや、あり過ぎた。あるとき、「粟《あわ》でオートミールがつくれないか」と命じられました。様々な試作品をつくりましたが、発売には至りませんでした。現在でこそオートミールを含むシリアル食品が、健康食品として注目されていますが、当時は消費者の健康への関心がまだ希薄だったのです。時代を先取りしすぎた発想だったといえます。

三島社長は、大阪の箕面《みのお》にあるお寺の住職の子供として生まれました。幼い頃から身体が弱く、生涯健康には人一倍気を使っていました。

中国大陸に渡ったときにビジネスの世界に足を踏み入れました。中国各地を行商をしながら歩いて回る際に、内モンゴルにたどり着きます。慣れない異国で胃腸を壊していたところ、勧められるままにモンゴル族がいつも飲む酸っぱい乳を口にしました。繰り返し飲むうちにそれまでが嘘のように胃腸の調子がよくなったそうです。

その頃のモンゴル族は甕《かめ》の中に乳を入れ、棒でかき混ぜて飲んでいました。「酸味のある乳こそモンゴルの人々の活力の源だ」これを上手く利用すれば、日本人の健康のためになる食品が出来ると考えました。当時の日本はまだまだ食料事情が悪く栄養が足りずに病気になる人が数多くいたからです。

一九一六年に中国での経験を生かして、牛乳を発酵させたクリームを「醍醐味」として発売しました。その製造過程で出る脱脂乳を使った「ラクトーキャラメル」などを発表したが成功しなかった。そして一九一九年に「カルピス」を開発します。余った脱脂乳に砂糖を入れて置いていたところ美味しくなったので商品化したのです。

カルピスの名前の由来は、いかにも三島社長らしいものです。カルシウムの「カル」に、仏教用語で「最上の味」を表す熟酥《サルピス》の「ピス」を組み合わせたのです。日本初の乳酸菌飲料でしたが、特許を取らなかったのも三島社長らしさでした。

「いいものは一人でも多くの人に広まるべきだ。それを一つの会社で独占してはいけない」

のちに飲料メーカーなどがこぞって乳酸菌飲料を開発し、市場をにぎわせましたが、それこそ望んでいた光景なのかもしれません。

私が入社した頃もその考えは変わっていませんでした。私たちは日本で初めてフルーツヨーグルト「ピルマン」を開発しましたが、この時も社長は特許を取ろうとはしなかったのです。

晩年、三島社長は自分の財産を寄付して、「三島海雲記念財団」を設立しました。「これからの世界は知力の競争になる」と考えたそうです。そして、自然科学だけでなく人文科学の研究者も後援すべきだとしました。食品会社でありながら、文系も含めて支援していこうというのです。

その時の気持ちを著書の『初恋五十年』で書いています。

〈私の得られた財物は、ひとり三島海雲の私するものではない。あげて社会にお返しすべきものである〉

いかにも三島社長らしく、その生涯を端的に表した言葉だと思います。

第4章

今も生きる活動をした人々

石井筆子

鹿鳴館の花から障害者教育へ

米川覚
元滝乃川学園常務理事

石井筆子《ふでこ》（一八六一～一九四四年）は、夫の亮一と共に、わが国初の知的障害児教育施設「滝乃川学園」（東京都国立市）を運営した女性だ。彼女の生涯を、元同学園常務理事の米川覚《さとる》氏が語る。

筆子の父・渡辺清は、西郷隆盛と勝海舟の江戸城無血開城の会談に臨席した長崎・大村藩士で、のちに男爵。維新のとき七歳だった筆子は、十二歳から官立女学校で近代的な教育を受け、十九歳でヨーロッパへ留学した最先端の女性でした。

前半生は、遅れていた日本の女子教育に力を注ぎます。華族女学校でフランス語を教える傍ら、義務教育を終えた女性に裁縫や刺繍《ししゅう》などの職業訓練を行なう「無月謝女学校」を開校しました。高等教育よりも、貧しい女性を自立させ、地位を向上させる事業に尽力したのです。

英仏蘭の外国語を操り、日本の美女ランキングで第三位に挙げられるほど容貌に恵まれていましたから、外国人との社交にも駆り出されました。本人は不本意のようでしたが、〝鹿鳴館の花〟として評判でした。

二十三歳で結婚して三人の娘をもうけますが、長女には知的障害があり、次女は生後間もなく死去。三女も障害をもって生まれました。夫もまた、肺結核で若くして亡くなりました。三十一歳にして、障害のある娘二人を抱えるシングルマザーとなってしまったのです。その後は経営を任された静修女学校の宿舎に住み込み、華族女学校でも教える多忙な生活でした。

一方、後に夫となる石井亮一は、濃尾大地震で親を失った女児が人身売買されているという報道に接すると、立教女学校教頭の職を辞して二十数名の女児を引き取り、「孤女学院」を設立。その中に知的障害を持つ女児がいたことから、知的障害児の教育も始めました。やがて静修女学校の講師も兼任することになり、筆子と運命の出会いを果たします。

筆子の長女は十二歳になっていましたが、それまで学校へ行くことができず、亮一の孤女学院に入ることで教育を受ける機会を初めて得ました。筆子は、知的障害児教育の必要性と意義を知ったのです。

一八九八（明治三十一）年、アメリカで「万国婦人倶楽部大会」という国際会議が開かれます。日本からも代表を派遣するよう要請された大隈重信は、伊藤博文首相と相談。指名されたのは、のちに女子英学塾（現・津田塾大学）を創設する津田梅子と、筆子でした。共に華族女学校の外国語教師だったこの二人が、我が国を代表して外国を訪問するにふさわしい女性だったわけです。

大会が終わったあと、筆子はそのままアメリカで亮一と落ち合い、社会福祉施設や知的障害児の学校を一緒に視察しています。共同事業の計画と、結婚についても、話し合ったのでしょう。帰国後、華族女学校を退職し、静修女学校は梅子に任せて、六歳年下の亮一と再婚します。筆子は四十二歳でした。このとき「華やかで人から羨《うらや》まれるような身分からは退いていく」という意味のことを、自ら語っています。

孤女学院から改称した滝乃川学園は、知的障害児教育部と、成長した女児を職に就かせるための保母養成部に分かれていました。自然に亮一は前者を、筆子は後者と経営面を担当するようになりました。

清貧な生活を送る仲のいい夫婦でしたが、意見が食い違うと筆子は台所へ行き、気が静まるまで鰹節を削っていたそうです（笑）。

当時は社会福祉に関する法制度も理解もなく、公的援助は皆無ですから、学園は常に資金難。筆子はかつて培《つちか》った皇族や華族の人脈を頼りに、チャリティバザーを盛んに開いています。

最大の痛恨事は、一九二〇年に起こった火事でした。園児の火遊びが元で、在籍三十八人のうち六人が焼死。筆子自身も園児を助けようと火に飛び込んで負傷し、以後は杖が手放せなくなりました。責任を痛感した夫妻は、閉園を決意します。翻意したのは、華族女学校時代の教え子だった大正天皇妃・節子《さだこ》皇后の「一層この道のために尽力せよ」という励ましと御下賜金のおかげでした。

亮一が亡くなると、筆子は二代目園長に就任します。すでに七十六歳、脳溢血で倒れて半身不随の身でした。「いはら路を知りてさゝけし身にしあれは　いかて撓《たわ》まん撓むへきかは」という歌が残っています。

障害者福祉に後半生を捧げたきっかけは自身の娘にあったとはいえ、心から意義を感じていたことは、父の清に「一生を託すべき事業が見つかりました」と伝えていることでもわかります。時代に先駆けて亮一と筆子が根付かせた知的障害児のための施設は、いまでは全国五千カ所以上に広がっています。

石井十次
孤児院創設からユートピア建設へ

児嶋草次郎
曾孫・石井記念友愛社理事長

日本初の本格的な孤児院を創設した石井十次《じゅうじ》（一八六五～一九一四年）は、「児童福祉の父」と呼ばれる。福祉という概念すらなかった明治期に、なぜ先進的な活動を行うことができたのか。十次の志と施設を受け継ぐ「石井記念友愛社」で理事長を務め、十次の曾孫に当たる児嶋草次郎氏が語る。

石井十次は、一八六五（慶応元）年、ここ宮崎県高鍋町の下級武士の家庭に生まれました。

かつて高鍋藩の第七代藩主・秋月種茂は、間引きを禁止して、三人目の子どもから一日につき米二合あるいは麦三合を支給し、地元では「世界最初の児童扶養手当だ」と言われています。さらには大阪から産婆を呼び寄せるなど、子どもに手厚い政策を打ち出したことで知られています。

その種茂が立ち上げた藩校「明倫堂」で教育を受けた十次には、高鍋藩の福祉文化的な素養が培われたのではないかと思います。

十次が七歳だったころ、近所のお祭りに真新しい浴衣《ゆかた》を着て出かけました。すると、友人の松ちゃんがいじめられている姿を目撃します。松ちゃんの家は貧しく、ボロボロの浴衣の上に縄を締めていたのです。十次は勇気を振り絞っていじめを止めさせ、お母さんが作ってくれた自分の帯を松ちゃんの縄と交換しました。

「親から怒られるかもしれない」と恐る恐る帰宅した十次でしたが、お母さんは事情を聞くと「それはいいことをしたね」と十次を褒めて頭を撫《な》でてくれたそうです。十次のお母さんは、隣近所の貧しい家庭や子どもたちの面倒を見る、ボランティア精神にあふれた人だったのです。

西郷隆盛に強く憧れていた十次は、「軍人になって世のため、人のために働きたい」と志し、海軍養成に定評のあった東京・芝の攻玉社に進学します。ところが、迷いが生じたのか十五歳で退学。退学の理由は一応脚気《かっけ》。その後、十七歳で岡山県の医学校に入りました。

大きな転機となったのは、ある村の診療所で医学生として代診を行ったときのこと。貧しい子連れの母親から「生活が落ち着くまで、この子を預かってくれませんか」と頼まれたのです。結局、この少年を預かることになったわけですが、彼の脳裏には、自身のお母さんの後姿が浮かんだのではないでしょうか。

その後、噂が広まったのか、二人三人と子どもが増えていきました。二十人ぐらいになると、とても勉強どころではない。二十三歳のときに医学校を退学する決意を固めます。「岡山孤児院」を立ち上げ、本格的に子どもたちの救済を行うようになり、多いときには千二百人もの子どもたちが生活していました。

いまは児童養護施設に補助金が出ますが、当時は当然そんなものはない。現在の金銭価値に換算して約六千万円の生活費と職員百名分の給料を毎月調達する必要がありました。ただ、十次は同情を集めて寄付を募るようなやり方は好みませんでした。きちんとした服装で写真を撮って、「子どもたちはこれだけ頑張っているんだ。みなさん助けてください」とお願いしたのです。

そのためにアメリカから楽器類を輸入して、おそらく本邦初となるブラスバンド「少年音楽隊」を結成します。日本各地、遠くは中国や韓国まで演奏旅行をして、寄付金を集めました。

十次の先進性は、資金集めにとどまりません。例えば、岡山孤児院の特徴の一つに「密室教育」がありました。指導をする際、子どもの尊厳を重視して一対一の空間で行うというもの。今日のカウンセリングに通じる手法です。

また、「家族制度」を採り入れて、十数名の子どもたちが独立した家で職員と寝食を共にしました。里親制度にも積極的でしたが、委託には厳格な条件を設けました。毎月一度は職員が巡回して、体重は減っていないか、養育状況は悪くないかをチェックしたのです。最近よく提唱されている、福祉を地域で支援する「脱施設化」の試みと言えます。

教育者としての強い自負を抱いていた十次は、あるとき「子どもの自主性を尊重して、心身の自由で自然な発育を引き出すことが教育の根幹である」とするルソーの名著『エミール』を読んで衝撃を受けます。彼は日記に「自分はエミール教育を実現するために神から遣わされた人間だ」と書き残しています。

そこで、自然に囲まれた農村で教育を行うため、故郷にある茶臼原《ちゃうすばる》の荒野を開墾し、ユートピアの建設に取りかかりました。しかし、「幼児は遊ばせ、子は学ばせ、青年は働かせる」という理想の教育を実践できる新天地への移住が完了した直後、十次は病に斃《たお》れて四十八歳で世を去ってしまいます。残念なのは、十次があまりに時代を先取りしすぎていたため、当時の国や自治体は、彼のやり方を制度として定着させなかった点です。

安倍（晋三）首相は二〇一六年の通常国会冒頭の施政方針演説にて、「為せよ、屈するなかれ。時重なればその事必らず成らん」という十次の言葉を引いて、彼の功績をこう称《たた》えています。

「いかなる困難に直面しても、決して諦めなかった。強い信念で、児童福祉への『挑戦』を続けました」

百年先を見据えていた石井十次。ようやく時代が十次に追いついたと言えるのかもしれません。

荻野吟子
日本初の女医の突破力

広瀬玲子
北海道情報大学教授

さまざまな壁を乗り越えて初めて公許医師となった女性が荻野吟子《ぎんこ》（一八五一～一九一三年）だ。自らの手で運命を切り開いた行動力と突破力の源泉はどこにあったのか。女性史研究者で彼女の歩みに詳しい、広瀬玲子氏が語る。

荻野吟子は、一八五一（嘉永四）年、現在の埼玉県熊谷市に生まれました。当時は「女に学問はいらない」という風潮があったものの、名家で育てられた聡明な吟子は、家庭教師による兄たちの授業を襖《ふすま》越しに聞いていたそうです。

十代のうちに結婚しますが、不幸にも夫から性病をうつされてしまいます。結婚からわずか二年で離婚したばかりか、その後二年間の入院生活を余儀なくされます。

入院先は、最先端の治療を受けられた大学東校《とうこう》（後の東大医学部）付属病院。男性医師に患部をさらすことは、恥ずかしさと苦痛をともないました。病室の天井を眺めながら、「この病が治ったら、病苦に呻吟《しんぎん》する世の同胞姉妹のために全力を尽くして医事に取り組む」と決意したのだと後に述懐しています。

その後、学問を修めるため、吟子は一期生として東京女子師範学校（現・お茶の水女子大学）の門をくぐります。女子師範学校は、女性が進学できる唯一の高等教育機関でした。袴姿で通学する女性は珍しく、周囲から好奇の眼差しを向けられたようですが、当人たちは意に介さず「進取の気概があった」と言います。

卒業後は、東京の下谷にあった医師養成機関・好寿院で三年間みっちり勉強しました。

しかし、医師免許試験の門戸は女性には固く閉ざされていました。吟子は受験資格を認めてもらうべく、数回にわたって東京府や内務省などに請願を行います。前例主義の官僚に平安時代の書物『令義解《りようのぎげ》』の一節を示し、過去の日本にも女医が存在した史実をアピールしたことも。彼女の行動力に驚かされるとともに、漢文を素読できるほどの教養の持ち主であったことがわかります。

こうした請願の甲斐もあってか、一八八四年、ようやく女性にも受験資格が認められると、その最初の試験に臨みました。吟子は後に、「落第することがあれば、上は未曾有の請願で再三驚かせた官に対して、下は後進姉妹に顔向けできない。女子教育の盛衰はこの一挙にかかっている」と、先駆者としての自覚を語っています。

結果は、見事合格。一次試験では、四名の女性受験者のうち吟子が唯一通過。翌年の二次試験は受験者百三十二名に対して、合格がわずか二十四名という難関だったことが記録に残されています。

晴れて女医になった吟子は、湯島にて産婦人科医院を開業します。当時三十四歳。翌年には洗礼を受けてキリスト教徒になります。医院は盛況だったようですが、この時期の吟子は、廃娼、婦人衛生会の立ち上げ、孤児救済など、社会改良運動に精力的に取り組んでいます。「婦人の議会傍聴禁止に対する陳情書」には、吟子の名前も記されています。

そんな吟子の運命を大きく変えたのは、十三歳年下の志方之善《ゆきよし》との出会い。新島襄《にいじまじょう》から薫陶を受けたキリスト教徒の志方は、宣教活動のため、吟子の家に寄宿していました。志方が吟子の美貌に惚れ込んだのだと想像しますが、北海道開拓への思い、弱者に対する共感を熱っぽく語る志方と意気投合したようです。やがて二人は結婚。当時としては異例の女性が年上の〝年の差カップル〟でした。

キリスト教の理想郷を夢見て、志方は開拓者として北海道へと渡ります。吟子も、東京での暮らしを捨てて、志方の後を追いました。そして瀬棚村（現・せたな町）にて開業し、夫の宣教活動を支援しました。

　当時は、「女医不要論」が公然と語られていました。しかし、彼女は能力的に男女の差が大きくないことを述べた上で、「女医が絶対に配置されなければいけない場所が三つある」として、「皇后の担当医」「警察の性犯罪対応の医師」「自治体病院の婦人科、産科、小児科」を挙げています。いずれも今日なお新しい視点です。病院の床で伏せっていた原体験によるものでしょう。

　行動力と先見の明を持っていた吟子は、教養人でもありました。若いころ師事していた国学者・井上頼圀《よりくに》をして「出藍《しゆつらん》の誉《ほま》れ」と言わしめるほど和歌の素養に優れていたそうです。晩年の吟子が遺したメモにも、多くの歌が書き記されています。

〈うきことも　さちとこそしれ　久かたの　神の恵の　かかる我身は〉

〈あなとふと　やみぢにまよふ　折もをり　まことの光り　己れを導く〉

　作風は古典的ながらも、キリスト教の信仰心が垣間見えるものばかりです。聖書の中では「人その友の為に己れの命すつるハ是より大なる愛ハなし」（ヨハネ伝）という言葉を特に気に入っていたそうです。

吟子は教壇に立って後進を指導したわけではありませんが、新聞や女学雑誌などのインタビュー記事で取り上げられ、医学を志す多くの女性にとってロールモデルとなったことは間違いありません。六十二歳で亡くなったときには、百五十名を超える女医が世に出ていました。

津田梅子

六歳で留学した女子教育の母

石井妙子
ノンフィクション作家

津田塾大学の創設者として知られる津田梅子（一八六四～一九二九年）は、日本初の女子留学生でもあった。日本社会に失望したこともあったが、仲間の支援を得て、自らが理想とする学び舎《や》を立ち上げた。ノンフィクション作家の石井妙子氏が、波乱万丈の人生を綴る。

「もうあと一日です。到着は目の前です。私の肉親――家族はいったいどんな人たちなのかしら。（中略）明日、私の人生の新しいページがめくられます。どうか、素晴らしいものでありますように！」（大庭みな子『津田梅子』より引用）

梅子の胸の高鳴りが伝わってくる。十一年ぶりに祖国の土を踏むのだから無理もないだろう。彼女をこれまで育ててくれたアメリカの母、ランマン夫人に宛てて横浜港に船が近づく中、英文で書き綴った手紙の一節である。

日本初の女子留学生として一八七一（明治四）年、わずか六歳で海を渡った梅子。父の津田仙は旧幕臣で外国奉行の英語通弁として活躍した人物であったが、大政奉還により失職。幼い娘に新時代の夢を託した。梅子に限らず女子留学生に応募した五人は、全員が佐幕派の侍の娘たちだった。

「親の期待と国の期待とを背負って五人の少女たちは、アメリカに渡りました。年長のふたりがほどなく帰国し、最年少の梅子、永井（瓜生）繁子、山川（大山）捨松の三人が残り、それぞれ知識階級の堅実なアメリカ人家庭に引き取られました。幼いながら国費留学生の責務を感じており、学業成績は皆、極めて優秀。三人はアメリカで培った知識と学問を生かし、将来は日本の女子教育に身を捧げる覚悟でした」（捨松の曾孫で、『鹿鳴館の貴

婦人　大山捨松』の著者、久野《くの》明子氏）

明治十五年に帰国した十七歳の梅子は日本語をすっかり忘れていたが、父親の仙とは幸い英語で会話すればよかった。暖かい家族の歓迎を受けて感激するものの、すぐにでもお国のために働きたいと思っていた梅子は、政府から何の音沙汰もないことに落胆する。

「帰国した男子留学生には役人や大学教授のポストなどが用意されていたのに、文部省は梅子ら三人には働く場を準備することすらしませんでした。また、日本女性の地位の低さ、高位高官が平然と花柳界で遊ぶ姿を見て、アメリカのピューリタニズムの中で育った彼女たちは大きなショックを受けます」（同前）

十一年間もアメリカで一体、何のために勉強してきたのか。国はなぜ、自分たちを役立てようとしないのか。やがて固く結ばれていた三人の関係にも変化が起こる。繁子は海軍軍人との、捨松は政府高官である大山巌《いわお》との結婚を決めたからだ。一緒に働こうと誓い合った留学仲間たちの結婚に、梅子は落胆した。

「特に捨松は梅子にとって姉のような存在だったので、がっかりしたのでしょう。でも、捨松は日本社会では未婚女性は何の力も持てないことを見抜き、現実的な決断をしたのです。陸軍卿大山巌という政府高官の妻となれば影響力を持つことができる、と。実際、捨

松は梅子の仕事を生涯、大山夫人として支援し続けます」（同前）

　梅子は教育者として自活する道を目指し、伊藤博文の口利きで華族女学校に奉職する。だが、上流階級の娘たちに花嫁修業的な教育をほどこすという校風には、どうしても馴染みきれなかった。英語教師で終わってしまっていいのか、という思いもあり、そのためにも、「自分自身を向上させたい。自分に才能があるのならば、伸ばしてみたい」と考えるようになる。

　やがて梅子は決意し、華族女学校を休職するとアメリカの名門・ブリンマー女子大学に入学。生物学を専攻し、カエルの卵を研究した。論文を共著したトーマス・ハント・モルガン教授は、梅子の才能に感嘆し、大学に残って研究を続けるよう説得したが、「自分の使命は、日本における女子教育にあると思う」とこれを断る。なお、同教授は後にノーベル賞を受賞している。

　その後、オスウィゴー師範学校では教育教授法を学び、多くの女性リーダーたちと積極的に交流する中で、次第に自分の進むべき道が固まっていく。

　三年後に帰国し華族女学校に戻るものの数年後には俸給も高いこの官職を辞し、ついに自ら「女子英学塾（現・津田塾大学）」を立ち上げる。留学仲間の繁子や捨松が経営を支え、アメリカの友人たちも来日すると無償で教壇に立ち梅子を助けた。

生涯独身を貫き女子教育に身を捧げた梅子だが、晩年に甥の眞を養子に迎えた。その孫にあたる、写真家の津田直氏が語る。

「梅子は自分の内面を見つめ、自分に打ち克ったのだと思います。だからこそ、単に英語や先進国の学問を日本に輸入すればいいと考えていたわけではなく、自分に勇気を与えてくれた人々の言葉や思想や生き方を日本の女性たちに伝え、自己を高めて欲しいと願ったのでしょう」

昭和四年、六十四歳でこの世を去るが、本人の希望で墓所は津田塾（小平キャンパス）の構内にある。

「どんなに困難なことがあっても、決してあきらめてはいけない。チャレンジしなさい。六歳の少女だった私だって、ここまでできたんだからと、今も生徒たちを励まし続けているように思います」（同前）

第5章

文化を豊かにした人々

武者小路実篤
お金に頓着しない自由人

武者小路知行
孫・
元調布市武者小路実篤記念館評議員

作家・武者小路《むしやのこうじ》実篤《さねあつ》（一八八五〜一九七六年）は晩年よく絵を描いた。小説『友情』『愛と死』や戯曲『その妹』、そして新しき村の建設など、七十年におよぶ作家活動は多岐にわたる。身近に接した孫・武者小路知行氏の目には「常識からかけ離れた自由人」と映ったようだ。

私は一九四七（昭和二十二）年生まれで八年間、井の頭（三鷹市）の家で一緒に暮らしました。三百坪の土地に本宅と離れがあり、それをつなぐ長い廊下は曲がりくねっていて、そこに祖父のアトリエがある。同居していた孫たちが遊ぶにはいい場所でした。

午前中に文章を書いているときは近寄りがたい雰囲気があるんですが、午後になって絵を描いているときはまわりで何をしても気にかけない。お客さんが来ているとき、私たち孫が遊びに行っても平気で相手をしてくれました。

若いころ白樺派で一緒に活動した志賀直哉さんがいらしたことがあります。見るからに祖父とは正反対の方で、身だしなみもきちっとされていた。祖父のほうは、帯をちゃんと締めているのを見たことがないし、いつも腰に巻き付いていればいいという感じでした。ふたりの長く続いた友情は有名ですが、好対照だったからあれだけ付き合いが続いたのだと思います。学習院の学生時代から死ぬまでずっとですから。

祖父は、身の回りをきれいにしておくとか、片づけるということは頭にまったくない人で、アトリエはいつも足の踏み場もありません。書き損じた絵や書はそこらじゅうに捨てられたまま。気に入らないとすぐにほかすから床の板が見えたことがない。片づけると怒るので、祖母や同居していた娘たちも片づけなかったんです。アトリエはいま記念館に再現されていますが、あんなにきれいだったことは一度もありません。

祖父の性格として思い出すのは、お金に頓着しないこと。「お金は必要な時に必要なだけあればいい」という考えで、「お金に困っても困ったなりにやればいい」と思っていたみたいですね。

あの時代は、お金を借りに来るだけの人というのがいたんです。まだ戦後まもない貧しい時代ですから、おそらく有名人やお金を持っていそうなひとを回っていたのでしょう。なんの縁もゆかりもないのに、その男は月に一回ぶらりと訪ねて来ては「貸してくれ」。祖父はそのたびに相手をしていました。手元にないときは「ない」と断るんですが、またしばらくするとその男はやって来ます。まとめて上げれば来ないと思ってそれなりの額を渡したら、今度は間を置かずに現れたので、まとめてあげるのはやめたなんて話も聞きました。

　別にみすぼらしい恰好《かっこう》をしているわけではない中年男でしたが、同居していた私たち孫はみな大嫌いで、その人がふらりと玄関に現れると追い払おうとしました。子供心にどんな人かわかるんですね。でも祖父は「なくて困っている人には貸していい。自分が困らないからいいんだ」なんて言う。私の母（実篤の三女・辰子）が「どうしてそんなにあげるんですか」と尋ねると、「お前の生まれる前からの付き合いだ」と言ってむっとしていたそうです。

　小学校に入るか入らない頃、「おこづかいちょうだい」と頼んだら、「いくら欲しい？」と言う。それであてずっぽうに「百円」と言ったら、その通りくれたことがあります。五十円あったら電車で渋谷に行って映画などを見たり遊んだりしてアイスクリームも買えた時代です。たぶん五百円、千円くれと言ったらくれたでしょうね。

気前がいいとも言えますが、常識がないとも言えます。「みんなで働いてみんなで分かち合おう」と原始共産主義のような考えで、宮崎の日向《ひゅうが》に新しき村を建設したときも、仲間に農業に詳しい人間はいないし、そもそも選んだ場所が農地に向いていないから苦労した。そのときも祖父の文筆の収入に頼っていたと聞いています。鶏卵やしいたけ栽培で独立できるようになったのは埼玉に移ってからです。

祖父は、いいと思ったことはとことんやる。でも嫌なことはやろうとしないし人にも強要しない。不思議な人と言えば不思議な人ですが、大事と思うこと以外は頓着しない、ああいう人を自由人と言うのだと思います。

宮沢賢治
「雨ニモマケズ」に込めた祈り

宮沢和樹
姪孫・林風舎代表

三十七年の生涯で、『銀河鉄道の夜』『注文の多い料理店』など、数々の名作を残した宮沢賢治（一八九六～一九三三年）。彼が知名度を得たのは、没後、実弟の清六氏（二〇〇一年に死去）や高村光太郎、草野心平らの尽力による。清六氏の孫・宮沢和樹氏が、祖父から聞かされた面影。（写真・林風舎提供）

賢治さんについて、祖父はいつも「本当に面白く、楽しい人だった」と言っていました。どことなく陰のあるイメージで語られることの多い賢治さんですが、実際には冗談もよく言うし、周りの人を笑わせるのが好きだったといいます。

賢治さんの作品として有名なものの一つに「雨ニモマケズ」があります。昭和八年に賢治さんが亡くなったあと、トランクのポケットに入っていた手帳に書き留めてあったのが発見されたのです。手帳の前後関係から推測すると、書かれたのは恐らく死の二年前。持病の結核が悪化し、両親に向けて遺書を書いた時期とも重なります。「サウイフモノニワタシハナリタイ」と結ばれたその文章は、いつ死んでもおかしくないと覚悟していた賢治さんの「祈り」でもあったのでしょう。

誰かに読んでもらうためではなく、あくまで自分に向けた文章。当然、題名もついていません。しかし祖父は、作品として公表するべきだと考えた。それは、文中に「行ッテ」という言葉があったからでした。

「東ニ病気ノコドモアレバ　行ッテ看病シテヤリ」から始まり、東西南北に「行ッテ」、疲れた母の稲の束を背負い、死にゆく人に声をかけ、争いごとを仲裁する。助けを求められるのを待つのではなく、少しお節介でも自ら行って実践するということを、賢治さんは何よりも大切にしていたのだそうです。

その精神は、賢治さんの生き方の随所に現れています。

盛岡高等農林学校（現・岩手大学農学部）で学んだ賢治さんは一九二一（大正十）年、二十五歳のときに地元・花巻の農学校の教員となります。教鞭をとるかたわらで、詩や童話の創作にも励みました。

しかし当時、農学校の生徒たちは農家の次男や三男坊ばかりで、実際に農業を継ぐ長男は少なかったといいます。生徒たちは卒業すると会社員や警察官になってしまうので、いくら農業に役立つ知識を教えても生かされない。なのに、自分はそうやって給料をもらっている。忸怩《じくじ》たる思いを抱えた賢治さんは、五年で農学校を退職し、「羅須地人《らすちじん》協会」という私塾を設立。農民たちの肥料計算の相談に乗りながら、自ら農作業をするようになりました。

花巻は冷害が多く、農民たちは苦しい生活を強いられていました。賢治さんが農作業を始めても、「単なる道楽だ」と冷ややかな目で見られ、長靴を履いていると「俺たちはそんなものは買えない、草鞋《わらじ》がせいぜいだ」などと陰口を叩かれることもあった。それでも、賢治さんは自ら「行ッテ」、実践したのです。身体が丈夫ではない賢治さんを母親が心配して、精がつくようにと卵を持って行っても、「周りの農民たちには手の届かないものだから、自分だけが食べるわけにはいかない」と、決して受け取らなかったそうです。

その後、肺炎で体調を崩して農作業を断念し、自宅で療養するようになっても、「何かしなければ」という思いは強かったのでしょう。体調が小康状態となると、土壌改良に効果のある合成肥料を販売する工場に就職します。

日本国内の大部分がそうですが、火山灰の影響で、岩手県の土壌も酸性です。酸性土壌では作物があまり育ちません。酸性の土壌を中和するためには、炭酸カルシウムを撒《ま》けばいい。賢治さんは、工場で生産していた炭酸カルシウムを含む肥料に「タンカル」という商品名をつけて、農家へセールスをして回るようになりました。

しかし、営業のために訪れていた東京で、賢治さんは発熱のために倒れます。両親に宛てて遺書をしたためたのは、このときのこと。そのおよそ一か月半後、「雨ニモマケズ」を書きますが、花巻に戻った賢治さんは病床から離れられないまま、二年後に息を引き取りました。

こうして、農民たちの生活の向上のために命を削った賢治さんを、「自己犠牲の人」と評する人もいる。だけど、それは少し違うのではないかと思います。自分のためだけに行動しても、後には何も残らない。人のために動くことで、自分自身も生かされる。きっと、それが賢治さんの信念だったのでしょう。

東日本大震災のとき、ボランティアや自衛隊員の方々の間で、「雨ニモマケズ」がよく読まれたそうです。被災者への励ましではなく、自ら「行ッテ」いる人たちの言葉として受け継がれていることを、賢治さんも喜んでいるのではないでしょうか。

大岡昇平

兵士を語る大岡の大粒の涙

澤地久枝
作家

自身の戦争体験を題材にした『野火』『俘虜記』など、いまなお多くの人に読み継がれる小説を残した大岡昇平（一九〇九〜一九八八年）。編集者時代に担当もした作家の澤地久枝氏が思い出を綴る。

二〇〇九年夏、わたしはレイテとミンドロへ行った。この年は明治四十二年からちょうど百年にあたる。つまり、大岡昇平氏の生誕百年の年であった。

世間が大岡昇平を忘れていると、わたしは肚《はら》をたてていた。毎日新聞学芸部のSさんが『レイテ戦記』について記事を書くことになり、取材に誘われて「大岡さんはレイテよりミンドロ島よ」といい、ふたりで両島へ行くことになった。

編集者生活約十年、ものかきになって四十五年、わたし自身が八十六歳まで生きて（記事初出の二〇一七年四月当時）、実に多くの人の縁に恵まれた。美しい人は多くあるが、なかでも大岡昇平さんである。

戦争末期の一九四四年に軍隊にとられ、フィリピンのミンドロ島に配属され、マラリヤをわずらい、米兵と真向う。銃は手にしていたが、大岡さんは引き金をひかなかった。俘虜にされてレイテ島へ送られ、戦後に復員。家庭には妻と二人の子どもがあり、三十代半ばだった。その体験が『俘虜記』になった。

そして「死んだ兵士たちに」の献辞がある『レイテ戦記』は、戦争を知らない子どもや孫の世代のために書かれている。

大岡さんは東京生まれで京都大学に学び、フランス語の家庭教師が小林秀雄だったという人である。男性に美貌という言葉は似合わないが、痩身の美しい人であった。

編集者として大岡さんの北海道への講演旅行のお供をしたとき、わたしは推理小説の『樽《キヤスク》』を読んでいた。二十代の終わり頃で、手軽な本という知恵はなく、読みかけていた本をもって行った。移動の列車の中でそれに気づいた大岡さんは、三冊の推理小説を教えてくれ「面白いよ」と言われた。

旅行中の寝台車で（上下二段の二等寝台だった）、一夜、一睡もできなかった。下の寝台で大岡さんが眠っていると思うだけで本も読めず、眠れなかったのだ。

一九七一年に『レイテ戦記』が出版され、その翌年にわたしの『妻たちの二・二六事件』が同じ中央公論社から本になった。

大岡さんが「この著者はどういう人？」と編集者に問われたと聞いた。わたしは一九六三年二月の中央公論社退社以前に離婚して旧姓にもどっており、誰にも知られない著者としての出版だった。以後、亡くなる直前まで御縁があった。

大岡さんは父の世代というべく、若い日のことを知らない。中年以後、年齢をかさねるほど大岡さんはいい顔になられた。

それは、時代が逆行して、二度とくりかえさないはずの戦争の方向へ、日本が変わってゆくことへの異議申立ての明白さとつながるものであったと思う。どんな美男子であっても、時代と闘う意志がなくては、「美」とは言えまい。

『俘虜記』は人間が最低の状態におかれたときの予想外のことをつぶさに書いている。若い米兵と向き合って射たなかったのは、「私がこのとき独りであったから」と書かれている。僚友が一人でも隣りにいたら猶予なく射っていたろうとある。兵士は一人の人間になれば、人殺しはできないということだ。

記憶がとぎれる何秒かがあり、大岡さんは米兵にとらえられる。一九四五年一月二十五日である。

「顔見識《みし》りの山地人が通りかかった。私はこれほど憐憫に溢れた顔を見たことはない。つまり生涯でこの時ほど私が憐れむべき状態にあったことはないわけである。それは一人の若い男であったが……その顔を私は美しいと思った」（『俘虜記』）

大岡さんは『レイテ戦記』の雑誌連載の途中、取材のためにフィリピンへ行っている。慰霊団に加わり、戦争末期の激戦地のひとつレイテ島へ行き、そのあとミンドロ島へ行った。一九六七年三月のことで、ミンドロ島は編集者との二人で足を運んだ。まだ対日感情の悪い時期で、大岡さんは部隊にかかわる場所へ行こうとしてさえぎられている（『ミンドロ島ふたたび』）。

二〇〇九年の旅行では、日本軍兵士としての大岡さんが果たせなかった場所へ行こうと考えていたが、町はさびれていて、『俘虜記』の記述の場所は特定できなかった。

サンホセで市長に会い、ネックレスを贈られた。レースで左右に分かれて「MINDO-RO SAN JOSE」の文字が白地に赤で編まれている。女性が家事の片手間に作ると思われるが、根気と時間を必要とする品で、素朴で美しかった。

兵士を語る大岡さんの、大粒の涙を思い出す。人の美しさは言葉にせよ、メロディーにせよ、表現すると消えていくものではないだろうか。

大岡さんは遺稿で「一党独裁三十三年の結果たる腐敗は、政財界の隅々にまで行きわたっている」「もう昭和的政治はやめてもらいたい」と書いた（『昭和末』）。一九八八年十二月、七十九歳で逝かれた。

小津安二郎

上質なユーモアが最大の魅力

中井貴恵

俳優・エッセイスト

『晩春』『麦秋』『東京物語』……日本を代表する映画監督、小津安二郎（一九〇三〜一九六三年）。俳優、中井貴恵《きえ》氏がその素顔を綴る。

小津監督は父（佐田啓二）と母の仲人である。この二人の間に長女として誕生した私を監督はとても可愛がってくださった。

お酒を召し上がるとたいていご自宅には帰らず我が家にお泊まりになった。宴席では当時はやっていたスーダラ節を必ず一緒に歌い踊ったものだった。ロケ帰りの監督をお迎えに行けば美味しいものを名店でごちそうになり、生まれてからたった六年のお付き合いだったのに様々な思い出が蘇《よみがえ》る。

両親は監督を「小津先生」と呼んだ。「先生はほんとに子供が大好きでね。私があなたを叱ったら先生が洗面所でしきりに顔洗ってるから、どうしたんですか？　ってきいたらお前は鬼だ、あんな可愛い子をなんで叱るって、涙拭いてるの」。

これは母が何度も私に聞かせてくれたエピソードだ。字が書けるようになった私は先生と文通を始めた。

「きえちゃん　おりこうにしていますか　ぼくもあまりおさけをのまずにおりこうにしています」。「こんどえんそくにつれていってください。スーダラはしませんから」。幼子を相手にハガキからあふれだす独特のユーモア。

私が小津映画と正面から向き合ったのは、二〇〇九年に「音語り　小津安二郎映画を聞く」という朗読シリーズを始めた時だった。『晩春』『秋日和』『東京物語』『お早よう』『秋刀魚の味』『麦秋』の六作品のシナリオを朗読用に仕立て直した。

　世界の名作『東京物語』にも、ご自身が一番好きだったという『麦秋』にも、クスっと笑えるユーモアあふれるシーンがでてくる。それは決して特別な笑いではなく誰の日常にも存在する笑いだ。ただその裏側には家族のしがらみや世の中の不条理、生きていくことの悲しみをはらんだ我々の「日常」というものを見つめる目があるからこそ、そのユーモアが光るのだろう。私は小津安二郎という人が持っていた上質なユーモアのセンスこそ、この人のそして小津映画の最大の魅力だと思っている。

古今亭志ん生

「破天荒、酒飲み、貧乏」の真実

池波志乃
孫・女優

噺家《はなしか》として自由奔放を貫いた五代目古今亭志ん生（一八九〇〜一九七三年）。長男は先代

（十代目）金原亭馬生《きんげんていばしょう》、次男は三代目古今亭志ん朝の〝名人一家〟だ。馬生の娘、池波志乃氏が振り返る。

古今亭志ん生の一般的なイメージは、破天荒、酒飲み、貧乏――。

最初の「破天荒」のベースには「飽きっぽい」という性格があります。骨董品が好きで、しょっちゅう古道具屋さんに出入りしていました。飽きっぽいから、先月買ってきた掛け軸が今月は茶碗に変わっていて、次に行くと置物になっている……。

ある時などは古道具屋さんで犬（生きてる！）を買ってきたことがあります。買うほうも買うほうですが、売るほうもどうかしていますよね。でも、その犬も何日かするといなくなっている。

「おじいちゃん、あの犬は？」

「ああ、欲しいってやつがいたからやっちゃったよ」

二番目の「酒飲み」はホンモノでした。コップに注いでクーッと一気に飲み干す。隣で父の馬生がおちょこでちびちび飲んでいると、「いつまで飲んでるんだ！」と小言を言う。親子でも正反対の性格でした。なぜそうなったのかというと、三番目の「貧乏」が関係してくるのです。

私が生まれた時、志ん生は六十五歳。すでにお金に困る生活ではありませんでした。というより、それ以前から仕事は途切れなかったので、それなりの収入はあったのです。ただ、稼いだお金を外で使ってしまうので、家にお金が入ってこない。よく父が言っていたものです。

「貧乏したのはお袋や俺で、親父は貧乏じゃなかったんだよ」

志ん生が自由気ままに暮らしていたおかげで、父は若いころから「家族を守る」という役割を担うことになります。志ん生も苦労を掛けている認識はあるので、下の志ん朝は可愛がるけれど馬生を煙たがる。そんなところも含めての「奔放」です。

借金取りから逃げ回りながら高座に上がる噺家なんて、今なら「文春砲」の餌《え》食《じき》ですよね（笑）。そう考えると、古今亭志ん生は時代が生んだ芸人なんだと、つくづく思いますね。

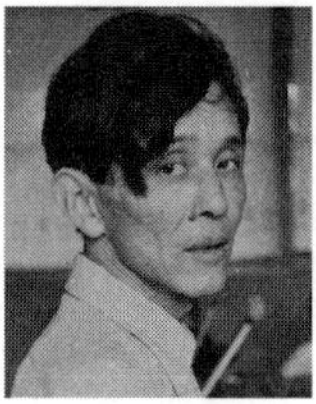

齋藤秀雄
先生が手渡してくれた千ドルの餞別

小澤征爾
指揮者

チェリストとして、指揮者として、そして音楽教育家として世界的に活躍した齋藤秀雄（一九〇二～一九七四年）。著書『指揮法教程』は英訳され海外でも絶賛された。愛弟子の小澤征爾氏が思い出を語る。

僕は元々ピアニストになりたかったんです。だけど、中学の頃にラグビーで指を骨折して、その夢が断たれた。その時にピアノの豊増《とよます》昇先生から「指揮者という道もあるぞ」と教えられたんです。おふくろに話すと、「うちの遠縁に齋藤秀雄という指揮者がいるのよ」と手紙を書いてくれた。僕はわけも分からずその手紙を持って齋藤先生の家を訪ね、弟子になっちゃった。

とにかく厳しい先生で、怒鳴りつけるだけでなく、演奏が気に入らないと、指揮棒は投げるわ、眼鏡は叩きつけるわ、譜面台を蹴り倒すわで、近くにいると危ないんだ。僕なんかいつも怒られていて、一度先生の家から裸足で逃げ出したことがあります。近くの公衆トイレに隠れていたら、あとから奥さんが僕の靴を持ってきてくれましたよ。

ただ、齋藤先生はどんなに怒っても、見捨てることなく最後まで徹底的に教えてくれる。バッハの「シャコンヌ」（無伴奏ヴァイオリンのためのパルティータ第二番の終曲）を、先生がオーケストラ用に直した曲があります。幸運なことに僕は半年間にわたって、この曲を徹底的に教わることができた。そのおかげで先生の教えを僕の体の一部にすることができました。今でも先生の考え方が、完全に僕の体の中に入っています。

「半年」といえば、桐朋《とうほう》学園のオーケストラで、バルトークの「弦楽器と打楽器とチェレスタのための音楽」をやることになった時も、二十七分の曲をやはり半年かけて練習したことがあります。一日かかって数小節しか進まない日もある。先生の頭の中にある音を現実の音として表現できるまで、絶対に妥協することはありませんでした。

僕が二十三歳でヨーロッパに勉強に行くと決めた時のこと。齋藤先生は「行くのは構わないが、もう少し日本で勉強してからにしろ」と反対しました。当時の僕は朝から晩まで先生に付ききりでアシスタントのようなことをしていたので、いなくなると困る、という気持ちもあったんだと思います。でも、僕はせっかくのチャンスを逃したくない。結局強引にヨーロッパ行きを決行したので、先生との関係が少しギクシャクした感じになってしまったんです。

　ところが、神戸港に行くために乗った夜行列車が東京駅を出る直前、先生がプラットホームに現れた。「これを持って行け」と分厚い札束を渡してくれる。先生が海外での勉強から帰国した時に残ったドルらしく、全部で千ドルくらいあったと思います。うれしくて有難くて、結局そのお金はヨーロッパに行ってからも手を付けず、お守りのように肌身離さず持っていました。

　もう一つ、先生との忘れられない思い出があります。六九年のトロント交響楽団日本公演で、僕が指揮をした時のこと。終演後に先生と食事をした際にこう言われたんです。

「ヨコに振れるようになったな」

　指揮の基本はタテに振ってテンポや速度を示すこと。これを齋藤先生は「叩き」と言います。でも、叩くだけならメトロノームでもできる。そこに僅《わず》かな「ヨコ」の動きを加えることで、微妙なニュアンスや表情を付けるんだけど、これが実に難しい。僕なんか今でもヨコに振るのは恐い。でも、その日の僕は先生から見てちゃんとヨコに振っているように見えたようです。それを先生に褒められたあの夜のことは、今思い出してもうれしくなります。

齋藤先生の門下生はみんな徹底的にしごかれたし、苦労もした。当時はつらかったけれど、のちに一人ひとりが一人前の音楽家に成長した時、怒鳴られて叩き込まれたことの大切さを、身をもって感じることができるんです。今でもサイトウ・キネン・オーケストラの演奏会に、忙しいのに世界中から門下生が集まってくるのも、みんな齋藤先生が大好きだからなんだね。

モーツァルトのディヴェルティメント（K・一三六）なんて、弟子たちはそれこそ何百回練習したか分からない。先生が納得するまで絶対に許してもらえないんです。稽古中は地獄の苦しみだったけど、あの時怒鳴られたことにみんなが感謝している。だから今でもサイトウ・キネンの連中は、あの曲の〝ゆっくり楽章〟をやると泣けてくるんだ。

ヨーロッパの芸術であるクラシック音楽を、東洋の島国に根付かせた先生。その弟子や孫弟子は今、世界中に散らばっている。海を越えて日本人音楽家が活躍している今の姿は、齋藤先生が思い描いた理想図に、ある意味では近づいていると思う。

ただ、日本人音楽家のレベルが上がれば、当然海外のレベルも上がる。僕たちは、まだまだ頑張らなきゃいけませんね。

司馬遼太郎
鉄砲嫌いの刀好き

山折哲雄
宗教学者

『竜馬がゆく』『坂の上の雲』『街道をゆく』……作家の司馬遼太郎（一九二三～一九九六年）は膨大な作品を遺した。司馬が亡くなる前年に、長時間の対談を行った宗教学者の山折哲雄氏が振り返る。

司馬さんは本音では鉄砲嫌いだったのではないだろうか。むしろ、心の底から好きだったのは剣の方だったような気がする。

鉄砲嫌いの日本刀好きだった。それがこの国に根づいた普通の感性だったような気もする。

たとえば騎馬の武士が鉄砲で敵をねらい撃ちするなど、寒気の出るほど無恰好な姿と映ったにちがいない。やはりかつてのモンゴル草原を駈けた騎馬軍団のように、大刀をふりあげて突進する方に喝采を送ったはずだ。

きっかけは、天下分け目の「関ヶ原」合戦についての司馬さんの議論だった。「関ヶ原」という史上空前の大事件で東軍が勝ったのは、ひとえに、はじめ石田三成の西軍についていた小早川秀秋が裏切り、東軍に寝返ったからだという。

そのことをドナルド・キーンさんとの対談の中でもいっている。だから西軍の戦闘技術や作戦などのことについてはほとんど問題にしてはいないといってもいい。むしろ小早川軍の裏切りと、その裏切りをそそのかす手練手管《てれんてくだ》、つまり調略によって最後の勝負がついたというわけである。家康など東軍の参謀たちの頭には、飛び道具を使って死者の山を築くなど愚の骨頂という考えが宿っていたのかもしれない。

司馬さんは話をつづける。一八八五（明治一八）年のこと。プロシア陸軍のモルトケの愛弟子でメッケル少佐という参謀が、日本に招かれてやってくる。それでドイツ式の参謀本部を日本に作ることになるが、そのメッケルが関ヶ原古戦場における西軍の布陣をみて「石田方の勝」といった。ところが実際は家康側が勝ったことをきいて、はじめは納得しなかった。けれども舞台裏の話をきいてはじめて納得したのだという。が、本当に納得したのかといえば、そうではなかったような気もする。天下分け目の合戦が調略と裏切りによって決まったなどということを、西欧における百戦練磨の参謀がにわかに信ずるようなことがあるのだろうかと疑われるからだ。

私は一九九五年の六月に、ＮＨＫのテレビで司馬さんと対談する機会があった。「日本とは何か」というテーマで、宗教、歴史、文明などをめぐる三時間半ほどの長丁場だったが、その中で印象深い司馬さんの言葉が二つほどあった。一つ目は日本にはそもそも「絶対」という観念がなかった。似たようなものがあってもきわめて微弱だった。おそらく一神教的思考が希薄であったということでもあるのだろう。二つ目が、ユダヤ、キリスト教というのは結局「飼い馴らし」の社会システムのことで一神教に固有の性格であり、それが日本に無かった。

おそらく司馬さんは小説『関ケ原』を書いているとき、この「絶対」観念の欠如と「飼い馴らし」モラルを持たない日本人の合戦のあり様に気づき、調略と裏切りの有効性を強調する気分になったのではないだろうか。

そういえば司馬さんは、関ヶ原合戦には並々ならぬ力を注いだけれども、それに比して長篠の合戦にたいしてはさしたる関心を示すことがなかったことが思い浮かぶ。長篠合戦では武田勝頼の強力な騎馬軍団が家康・信長配下の鉄砲軍団によってとことんやりこめられている。一見これは司馬好みの合戦と受けとられそうであるが、じつはそうではなかった。

論より証拠、『関ケ原』にかぎらず司馬さんの作品では『燃えよ剣』をはじめ『北斗の人』『竜馬がゆく』『新選組血風録』など、近代戦の場合をのぞけば武士の「剣」を主題にしたものが圧倒的に多いことに気づく。

司馬さんがはたして日本刀好きだったかどうかはともかく、すくなくともその小説作法においては明らかに鉄砲嫌いに傾いていたらしいことが浮かぶ。あの黒沢明の映画『用心棒』でも、三船敏郎演ずる浪人者の脇差しが、仲代達矢演ずるヤクザのピストルを制してとどめを刺しているではないか。

山崎豊子

「『大地の子』が私の小説だ」

野上孝子
元秘書

作家・山崎豊子（一九二四～二〇一三年）は船場《せんば》商人を描いた作品や大学病院を舞台とする『白い巨塔』で知られる。中国残留孤児が、中国と日本との間で苦悩する姿を描いた『大地の子』、沖縄返還時の日米密約を追う新聞記者を描いた『運命の人』について、五十二年間をともにした秘書の野上孝子氏がその創作秘話を明かす。

山崎豊子先生は小説のテーマを決めると、物語を俯《ふ》瞰《かん》して見るため、まず「進行表」を作成します。横長の紙は物語が進むに連れて紙が足され、最後は巻物のよう。縦書きで、上から四分の三があらすじ、その下の〈備考〉欄に「ニクソンショック」などとともに、「知る権利とは?」と気になる事柄や疑問点を書き込みます。ここから、小説に必要な取材がスタートするのです。

『運命の人』では、担当編集者の方が三十年以上前の大臣室やアメリカ局の位置を聞き取り取材して、一九七一年当時の外務省の見取り図を作成。省内のカーペットの色や外務省の前にある桜がどこから移植されたのかまで、資料として上げていました。小説の細部を大切にし、原稿に書かなくても、そういうディテールを知った上で執筆していました。

もちろん、自身の取材も熱心でした。『大地の子』は先生が中国社会科学院に招聘《しょうへい》され、単身中国に滞在しているときに取材が始まりました。毎日朝早くから夜遅くまで取材をしている先生の姿が、関係者の心を打ち、一九八四年十一月二十九日に待望の胡耀邦《こようほう》総書記との会見が実現しました。その席で、先生は中国各地での取材を直訴《じきそ》。最終的には米国の司法省さえ許可が下りなかった監獄見学まで許されたのです。

先生の取材方針は「トップにまず会う」。決してそれは下を軽んじているのではなく、最初に上の許可を取り付けたほうが、現場の人が安心して話せるという配慮からでした。まさか、中国でも実践されるとは思いもしませんでしたが、人民日報の一面に掲載された胡耀邦さんとの写真の力は絶大で、三年間の取材で、延べ三百人以上に話を聞きました。

取材では、可能な限り録音をします。ルーズリーフのノートに、一言一句を私が書き起こし、先生言うところの「巻き戻し」を渡します。先生は自分のノートと突合せながら、

「ここで眉をしかめた」「目が潤む」等の書き込みをします。これが小説の髄になるので、言葉や表情のリアルな再現に必死でした。原稿の清書も私の役目で、思わず涙してしまいそうな場面でも、先生の文字は冷静。そこはプロフェッショナルでした。

一方で、「今日は気分が乗らんわ」という日は、お手伝いさんに二、三パターンの洋服を持って来させ、上下ともに衣装チェンジして執筆することも。『大地の子』では主人公が昔の恋人と対面するときは赤、生き別れた妹との場面は黒に近い紫、とセーターを替えていました。年中行事だったお正月のディナー用には、ブルー、臙脂《えんじ》、グリーンと三着もチャイナドレスを仕立てられていました。生粋のお洒落《しゃれ》で、また見事に着こなされるのです。

「作家として、何を書いたのか？」と問われたら、「私は『大地の子』を書いた」と先生はハッキリとおっしゃっていました。「これが山崎豊子の小説」「私の小説」だと。あんな作品はもう二度と書けないと思います。

執筆後、先生は日本に帰国した中国戦争孤児の子どもが高校進学もままならない状況だと知ると、私財を投じ、『大地の子』等の印税を寄付して、奨学助成のための山崎豊子文化財団を設立しました。先生亡き後もこの活動は継続中で、今では三百五十人を超える子どもたちを送り出しています。

一九五八年に直木賞を受賞した後は賞とも無縁で、一九九一年に『大地の子』で文藝春秋読者賞と菊池寛賞を受賞されたときは、新人作家のように感激していました。そして、その十八年後にいただいた賞（毎日出版文化賞特別賞）は、『運命の人』に授けられたものでした。

取材のためには、アルコール抜きで政財界のお座敷に顔を出される先生も、文壇とのお付き合いは皆無でした。本当に、生活のすべてを取材と執筆に当てられていたのです。

先生は、日本一の作家でした。

城山三郎
「読者こそ、僕の勲章」

井上紀子
次女・作家

城山三郎（一九二七～二〇〇七年）は、『落日燃ゆ』や『黄金の日日』などの歴史もの、

『雄気堂々』『もう、きみには頼まない』などの傑作経済小説を書いた。次女の井上紀子氏が、その作家人生を支えたものを明かす。

木々の淡いグリーンを背に、ベンチにちょこんと腰かけ、照れくさそうに、でも、ちょっぴりご満悦な笑みを向ける父。没後まもなく纏《まと》められた、城山三郎最後の随筆集『嬉しうて、そして…』（文藝春秋）の表紙での老年の姿。鶯色の帯には「自分のやるべきことはやり遂げた。この一言を残して世を去りたい」（本編より抜粋）の文言が。果たして父は、どんな思いで逝ったのか。

昭和二年生まれの父。その作家人生の原点は、十七歳で迎えた終戦にある。生まれた時から戦争の足音とともに成長し、何の疑問の余地もなく、まっすぐにただひたすらにお国のために突っ走っていった少年時代。しかしながら、実際に海軍に入隊した時には、すでに戦争末期。腐敗しきった軍の実態に、崩壊寸前の国家の実情に唖然《あぜん》としたまま、あっけなく終戦。ただの消耗品として徴用されたにすぎない少年兵たちは、心身を打ち砕かれたまま、戦後に放り出された。

生きる指針を失い、人生の路頭に投げ出されたまま、価値観の大どんでん返しを突き付けられる。だが、そこではじめて、人として生きること、本来の国家のあり方、個人としての生活、人生、幸福を考えることとなる。

そして、自分が生き残された意味が、この戦争を伝えることだと気づいた父は、書くことでその使命を果たすべく、筆を執《と》った。以来、国家と個人の関係が生涯のテーマとなる。その視点が組織と人間に移行しても、舞台が経済であれ、政治、歴史であれ、大きな組織の中で人が人としていかに生き抜くべきか、を問い続けた。

作家・城山三郎の背景には、幼少期から青春期まで国家に翻弄《ほんろう》された傷がある。純粋だったがゆえにその傷は深く、悲しいかな、愛国心は揺るぎないのに、どこかで国家というものが信じきれないまま逝ってしまった。

そんな父にとって、お国からの評価は、今ひとつすんなりとは受け入れがたく、母や叔父（父の弟）から「もったいなくも申し訳ないこと」と咎められても、その姿勢は頑《かたく》なで、痛々しくさえあった。

その父の言葉。高い空を仰ぐたび、いつも思い出す。

「読者こそ、僕の勲章」

嘘偽りのない、父の本心、本音。五十年余りの作家人生を支えた根幹である。

言わずもがな、城山三郎にとって、何よりありがたく嬉しかったのは読者の方々による評価である。もちろん、直木賞はじめ、数々の文学賞は大きな自信となったにちがいないが、こと、文藝春秋読者賞は、父にとって最高の名誉であり、真の勲章であった。

第二十五回昭和三十八年「硫黄島に死す」

第五十三回平成三年「本田宗一郎は泣いている」

第六十四回平成十四年「私をボケと罵った自民党議員へ」

計三回。戦争を問い、真のリーダーを求め、表現の自由を死守しようとした城山三郎がここにある。

「旅先で、三度目の文藝春秋読者賞受賞の報せを受けました。有難くて、どちらの方角に向かってかわからず、頭を下げたい思いがしています。かねて実感として、読者に支えられて四十五年ほど生きてきたと思っていたのでしたが、本当に有難いことです。（略）叙勲などの話は、一切辞退してきました。弱い私は、政府権力や政治家に取りこまれ、組み敷かれることを避けたかったからで、その代わり読者こそ『私の勲章』と心に銘じ、また口にもしてきました。それにしても、三度にわたって頂くとは、御礼の言葉もありません」

三度目の受賞に対する父の言葉。再び『嬉しうて、そして…』の表紙を見る。なるほど、これは、不器用な父の精一杯の最後の意思表示。読者の皆さまへの感謝の笑みだったにちがいない。

開高健
文学観と人生を変えた大事件

永山義高
開高健記念会理事長・元週刊朝日編集長

作家・開高健（一九三〇～一九八九年）は、小説はもちろん、釣りを巡る随筆、軽妙な対談でも読者を愉しませる多才な人だった。開高氏が「週刊朝日」で連載した「ずばり東京」の当時の担当者、永山義高氏が思い出を綴る。

「これで日本の文学は十年遅れまっせ。どないしてくれます」

「ずばり東京」の連載中、作家・開高健は毎週二日を取材にあて、一回十五枚（四百字）

の原稿執筆を、昭和三十九年十月二十四日の東京五輪閉会式取材まで、五十八週も続けた。取材先から有楽町にある朝日新聞社四階の週刊朝日編集部に戻り、足田輝一編集長が在席していると、よく大阪弁の早口でまくし立てた。むろん目は笑っていたが、新聞社の「輪転機に追いまくられる」生活に入ったのは、編集長、あんたのせいでっせ、という言い分である。開高さんは当時三十二歳。入社二年目で「開高番」を命ぜられていた私は、「身勝手だな」と思いつつも、「日本の文学はオレが背負って立つ」という自負には感銘を受けた。

だが、少し話が違うことが分かったのは、「ずばり東京」が文庫本（文藝春秋刊）になってからのこと。ご本人が「前白」の中で、『裸の王様』で芥川賞（昭和三十二年下期）を受賞して寿屋（現・サントリー）の社員コピーライターを辞め、作家専業になって五、六年後には、作品が書けなくなっていたことを告白している。確かに『日本三文オペラ』（昭和三十四年）、『ロビンソンの末裔《まつえい》』（同三十五年）の後は長編がない。このスランプに先輩作家・武田泰淳さんから、「ノンフィクションをやりなさい。小説の素材やヒントがつかめるし、文章の勉強になる」とアドバイスされていた。

一方の週刊朝日は、編集部内の記者不足を補う狙いもあって、ルポに新風を吹き込む書き手を、純文学の作家から探していた。

週刊朝日からの連載依頼は、「渡りに船」だったに違いない。開高さんはみごとに編集部に溶け込み、取材先では面白い話に大声で笑い、「エエッ、ホンマですか」と叫び、メガネを外して涙を拭く。「思い出さない話は書く価値がない」とメモは取らなかった。こうして変貌するトーキョーを東奔西走、様々な文体でユーモアたっぷりに活写する「ずばり東京」は大好評を博したのだが、連載の最終回が見えてきた真夏の某日、足田編集長はこう切り出す。

「お陰様で連載は大好評、本当にご苦労様でした。こんどは世界中、どこでもお好きな所へ出かけてルポをして頂けませんか」

長期連載に対する「ご褒美」、どちらかと言えば気軽な慰労の提案で、この人気ライターをつなぎとめようとする魂胆がありあり。ところが開高さんの答えは「ベトナムや」だった。

準備は年上女房の詩人、牧羊子さんには内緒で進めた。そして連載が終わってわずか三週間後の十一月半ば、朝日新聞の臨時特派員となって戦火のベトナムに飛び立った。新年号から始まった「ずばり海外版・南ベトナム報告」は、本格化するベトナム報道の中で異彩を放つのだが、開高さんの文学観も、そして人生をも大きく変える大事件が待っていた。二月十四日、従軍取材中にベトコン（南ベトナム解放民族戦線）にジャングルの中で包囲され、政府軍大隊二百人のうち敗走生存者は十七人、まさに九死に一生を得たのだった。

このベトナム体験が、戦争を文学化した『輝ける闇』と、自ら「第二の処女作」と呼び代表作となった『夏の闇』の長編に結実し、さらに短編の名作「ロマネ・コンティ・一九三五年」などが続き、自伝長編『耳の物語』で日本文学大賞も受ける。「開高語」と呼ばれる濃密な文体は、「食」と「性」に独自の表現領域を切り拓き、開高文学は大きく花開いた。

しかし「ずばり東京」の生みの親・足田からは、もう一つのご褒美が出ていた。編集長としてのご褒美が生死をかけたベトナム体験になったことへの償いに、こんどは出版局長としてご褒美を出し直した。「世界中、好きな所へ行って釣りをする」という開高さんの企画を認めたのである。同行したのは、ベトナムで生死を共にした戦友・秋元啓一カメラマン。その成果である『フィッシュ・オン』は、いまや日本のスポーツ・フィッシングの古典。これが『オーパ！』など、釣りと自然探求ノンフィクションの豊饒《ほうじょう》な大河の源流になった。

多岐にわたる作品群を読み返すと、どのページからも文学とノンフィクションの狭間を激しく疾走した作家の息遣いが甦《よみがえ》ってくる。

白洲正子
目の前に現れる人そのものを見ていた

牧山桂子
長女・旧白洲邸武相荘代表

今もファンを魅了し続ける作家・白洲正子（一九一〇～一九九八年）は、『能面』『かくれ里』『西行』など、精緻な文章から成る傑作を数多く遺した。長女の牧山桂子《かつらこ》さんが明かす、知られざる母の素顔とは。

小林秀雄さん、青山二郎さん、多田富雄先生……みなさんよく鶴川の家に遊びにいらっしゃったので、私もよくお話をさせてもらいました。母は自分を持っている人、何かに夢中になっている人が好きだったんでしょうね。

　そもそも本人が自分の世界だけに生きているような人でした。子どもたちにはまったく無関心。料理や家事はお手伝いさんに任せて、自分は書斎にこもって、ひたすら本を読んだり、原稿を書いたりしている。食事のときだけ出てきて、ひとしきり話をしたら、また、ふいにどこかへ行ってしまう。

　だから、普通のお母さんのようなことをしてもらった記憶はほとんどありません。父のほうが竹とんぼを作ってくれたり、いっしょにスキーに行ったり、まだ親らしいことをしてくれました。

　ただ、ときどき「こんな本を読んだら」と言ってくることがあって、本を読む癖が付いたのは母のおかげだったと思います。

　それ以外は何でもすべて自分で決めて、親に相談することはありませんでした。でも、冷たい家庭だったかというと、そうではないんです。うちの家族は、ある意味でみんな〝個人〟なんです。それぞれ自分の持っている輪のようなものがあって、それが重なる部分では交わる。それ以外では自分の好きなことを自由にやっていました。

　とくに、母は子どものまま大人になったようなところがありました。戦後まだモノがなかった頃、父が洋服の生地をもらってきてくれたことがあります。私がそれをもらうと、母は「私もほしかった」と言う。服を買ってきたら、「私のほうが似合う」。テニスをしていると、「私があなたの年の頃はもっとうまかった」。すべてがそんな調子で娘と張り合うんです。いつの間にか、私が親みたいになってしまったので、腹も立たなくなりましたけど（笑）。

インタビューの中では、「付き合うのは男友だちばかり」、女性のお友だちは、学習院で同級生だった秩父宮妃勢津子さまと、銀座の文壇バーのホステス、むうちゃん（坂本睦子）だけだったという話をしていますが、じつはもうひとり、母には親友がいました。

私たちが京都に行くと、いつも泊まる清水坂佐々木という旅館があって、そこの女将さんが「錦小路でいちばん」という魚屋に連れて行ってくれたことがあります。

丸弥太というお店なんですが、母はそこの女将さんをひと目で気に入った。そして、京都に行くたびに必ず立ち寄るようになりました。そのうち身の上話までするようになり、すっかり仲良しになっていました。

ろくに魚を買うでもなく、片隅の椅子にちょこんと座って、女将さんの仕事ぶりをずっと見ている。そして、手があくと雑談をする。共通点があるわけでもなく、一緒に遊びに行くわけでもない。ただ店先で話をする。そういうお友だちでした。

母が亡くなったとき、女将さんはわざわざ京都から来てくださいました。最後に行ったときは、お店がすごく忙しくて、ほとんど話もできなかった。それが心残りだと、女将さんは繰り返し語っておられました。

母は、魚屋さん、植木屋さん、板前さん、その他いろんな方と話をするひとときを楽しんでいました。地位や身分は関係なく、目の前に現れる人そのものを見ていた気がします。骨董や洋服を見るときと同じ。自分の好みかどうかが、すべてだったのかもしれません。

母も父も、かなり突飛なことをしても、まわりの方々は「あの人たちはいいんだ」という目で見てくださいました。ありがたいことだと思います。最期まで好きなものに囲まれて、自由に生きて、本当に幸せな人でした。

淀川長治

映画史が身体に浸みこんでいた

おすぎ
映画評論家

「さよなら、さよなら、さよなら」……「日曜洋画劇場」でお馴染みの映画評論家・淀川長治（一九〇九〜一九九八年）は、比肩する者なき映画の語り部だった。淀川と三十年以上の親交があった映画評論家のおすぎ氏が、映画を愛し、映画に愛された人生を語る。

とにかく映画であれば、何でも好きな方でした。けなすことはあっても、それはこうすればもっとよくなったのに、という親心からに見えました。とにかく映画の話をしているときが、いちばん楽しそうでした。

映画は淀川長治さんにとって世界を感じ、知る窓でした。映画によって、人に対する興味や関心をかきたてられ、幅広い教養や知識も映画から吸収していました。

映画以外で好きなものは、太った男の人とステーキ。お肉はお医者さんから止められていたのに、最後の最後まで食べていました。

淀川さんとわたしの出会いは、今から五十年ほど前の試写室に遡《さかのぼ》ります。まだかけ出しの映画評論家だったわたしに淀川さんは、試写室が暗くなってから、チョコやあめを口に放り込んできたりと、お会いした当初から気さくに優しく接してくださいました。それから一九九八年に亡くなるまで、およそ三十年に亘《わた》る長いお付き合いが始まりました。弟子はとらないと公言されていたので、「淀川の母」と慕い、映画評論家の偉大なる先輩として、お付き合いさせていただきました。

わたしが気に入られたのは、淀川さんを大切にしたからでしょう。自分を大切にしてくれる人が好きな方でした。淀川さんとは、よく一緒に講演旅行に行くことがありましたが、そんなときは新幹線や飛行機の切符取りから、お弁当の用意まで全部、わたしがしていました。たまに出演するラジオ局に行くときは、淀川さんは出演料を懐に入れて、お話するのが好きなので、プロデューサーの方にハンコを見せて、それとなく催促したり。でも、その出演料を自分の部屋に持ち帰ると、本棚の本と本の間に封筒ごと差し込んでしまうので、どこにいったのか、わからなくなってしまうことが、よくありました。淀川さんとは全国津々浦々を一緒に回りましたが、イヤなことは一度もありませんでした。

一九八五年から一九九八年まで「広告批評」という雑誌で月に一度、新作映画について淀川さんと対談をしていたのですが、毎回、お会いするのが、とても楽しみでした。わたしが新作映画についての批評や見解を述べると、淀川さんがその見方をほめてくれたり、わたしが見えていなかった部分を指摘していただいたり、たしなめられたり、「オクテ」だといって、いじめられたり……。

淀川さんから、わたしがよくほめられたのは、一本の映画をパッと色にたとえるような感覚の鋭さです。

「この妹のするどい感覚に姉たる私がハッと教えられかねないときがありました。教えられるときではなく、教えられかねないときであるのであります。私はまだあなたに教えられるほど落ちぶれてはおりませんけれど、ときにハッとする瞬間があるのでございます」と、この対談をまとめた本（『おしゃべりな映画館』）のあとがきに書いていただきました。

淀川さんのような映画評論家は、二度と現れないでしょう。映画が誕生してから間もない一九〇九年に生まれ、幼いときからチャップリンのような無声映画の傑作を見て育っているから、映画史が身体に浸みこんでいる。映画会社で宣伝を担当され、『駅馬車』を日本でヒットさせたりと、どうやったら人々に映画を好きになってもらえるかを懸命に考えてこられた。戦後は「映画の友」の編集長を長らく務められていたから、文章はもちろんのこと、映画のイラストだって、サラサラと描けてしまう。『おしゃべりな映画館』に掲載されているイラストは、すべて淀川さんが描かれたものです。そして、「日曜洋画劇場」の解説者として、お茶の間の人気者になった。それらすべての経験が積み重なって、「淀川長治」という稀代の映画評論家が生まれたのです。その中心にはいつも映画があった。見事な、そして、幸福な人生だったと思います。

山本夏彦
生きているのは死ぬまでのひまつぶし

石井英夫
コラムニスト

山本夏彦（一九一五〜二〇〇二年）ほどの名コラムニストはもう生まれることはないだろう。その謦咳《けいがい》に接した元産経新聞論説委員の石井英夫氏が、辛口で知られた切れ味鋭い山本節を紹介する。

不肖私（石井）は山本夏彦の弟子である。ただし弟子といっても、師匠の許認可をもらったわけでも何でもない。こっちが勝手に私淑した、無理矢理の押しかけ弟子である。たぶん「よせやい」、と師は仰るだろう。

山本さんとはしばしば酒席にお供し、ご一緒した。師は健啖家だった。

日本橋は浜町河岸《はまちょうがし》、あい鴨《がも》の鳥安、うなぎの前川、神田川。てんぷらの中清《なかせい》。横浜は中華街や三溪園の古い料理屋まで足をのばしたこともある。

あんな怖い人とよく飲めるね、と友人にいわれたことがある。「古井戸ってのぞきたくなるものじゃないか、怖いもの見たさで」と答えた。

山本さんは「辛口のコラムニスト」などと書かれるのがお嫌いだった。「よせやい、カレーじゃあるまいに」と顔をしかめるのだった。ようするにシャイなのだ。含羞《がんしゅう》の人なのである。『笑わぬでもなし』というコラム集のタイトルは、その山本さんの〝地〟をあらわしていた。

タイトルといえば、「タイトルだけが人生だ」という題名のコラムもある（『不意のことば』所載）くらい、タイトルの名人を自任していた。

山本さんの文章の一節にこんなのがあった。

「某月某夜酒席で石井英夫いわく、あんたはご自分の本に題をつけるのがうまいとお思いのようだがどこがうまいのです、たとえば『世はいかさま』（新潮社）――あったり前でしょう。世がいかさまでなかったためしがありますか。『生きている人と死んだ人』（文藝春秋）――ほかにどんな人がいますかと言って私を笑わせました」（『世は〆切』所載の「コラムニストふたり」）

確かにそんなことがあった。酔余、山本さんにつっかかったようである。しかし笑って許すふりをしてそれを飯の種にしてしまうのだから、温顔慈顔の師はまこと鬼のコラムニストなのだった。

「こうして生きているのは死ぬまでのひまつぶしだ」（『「戦前」という時代』）と言っていた山本さんは、平成十四（二〇〇二）年十月二十三日、八十七歳の生涯を閉じた。墓は東京・杉並の梅里公園裏の名刹《めいさつ》・眞盛寺にある。戒名は嶺雲院績文夏《せきぶんか》頴《えい》居士。績文は文をつづること、頴は鋭くとがったさまの意だ。

二〇一七年秋の総選挙で自民党は大勝したが、その前、いわゆる「もりかけ」と安保法制問題で安倍内閣の支持率が急落する一幕があった。安倍叩き一色のマスメディアのフェイクニュースと、それに動かされて右往左往した世論のていたらく……。
もしも亡き夏彦翁ありせば、この騒動をどう見たか。たぶん例のごとく鋭くとがってシャイに構え、あざけりの冷笑を浮かべて「笑わぬでもなし」と断じたことだろう。

日枝久
フジサンケイグループ代表

山口淑子
山口淑子に断られなければ一流にあらず

中国で李香蘭として女優の道を歩み、帰国後は芸能界や政界で活躍した山口淑子《よしこ》（一九二〇～二〇一四年）。一度は引退した彼女を生放送の番組に引っ張り出したのはフジサンケイグループ代表の日枝久氏だった。

昭和四十三（一九六八）年に始まった「3時のあなた」。当時この番組の企画担当だった私は、大女優に司会をしてほしいと、番組開始時に高峰三枝子さんを起用し、一年後に週の後半を山口淑子さんにお願いしたのです。当時芸能界から身を引いていた銀幕の大女優が、主婦向けのワイドショーの司会をすると大変な話題になりました。

中国・奉天生まれの李香蘭は人気女優であり歌手でしたが、戦後国外追放され、日本に戻ってからは本名の山口淑子として活躍。米国でもシャーリー・ヤマグチとして映画に出るなど真の国際派である彼女が何を語るのか皆が期待を寄せました。

山口さんからの企画は社会派のネタが多く、これも注目されました。パレスチナ解放機構のアラファト議長に会いに行くとか日本赤軍の重信房子への単独インタビューなど大胆な提案が多く、提案だけで終らずそれを実現させた。ジャーナリストとしての仕事を見せつけたのです。

一方で「男を斬る」というコーナーでは石原慎太郎、田中角栄、浅利慶太など各界の第一人者を招いて縦横無尽に料理してしまう。当時は「山口淑子に斬られなければ一流にあらず」と言われるほど。惚れ込んだ角栄氏に口説かれ、ついに参院選に出たのでした。そう考えると、彼女の激動の人生に私も少し関われたかな、と思えます。

その角栄氏と周恩来が日中共同声明の調印を交わした中継を見て、スタジオでボロボロと涙を流して喜んでいた姿が忘れられません。番組のあとは大好きなワンタンを食べながらワインを飲み、よくこう言っていました。

「ヒエちゃん。私はね、日本と中国が仲良くなるなら何でもやるわよ」

あれから五十年――いまの冷え切った日中関係を見たら何というでしょう。彼女からそれを聞けないことが悔しくてなりません。

江藤淳 氏の死に際して痛切に感じたこと

福田和也
文芸批評家

文芸批評と論壇の第一線で活躍し続けた江藤淳（一九三二～一九九九年）は、「文藝春秋」掲載の「妻と私」に続き「文學界」に掲載された「幼年時代」が絶筆となった。デビュー作『奇妙な廃墟』が評価されて以来、師弟関係にあった文芸批評家の福田和也氏が、その死の重みを語る。

「文學界」（平成十一年八月号）に江藤淳氏の「幼年時代」が掲載された。

旧《ふる》い遺品の中から見つかった母親の手紙――それはちょうど自分が生まれた頃に書かれたものだった――を頼りに、氏が四歳のときに亡くなった母親の記憶を呼び起こし、母親がいかに生き、自分の中に何を残したのかを問う文章は、抑制した中にも溢れ出る情念があって、数多《あまた》ある氏の文章の中でも、出色にいいものであった。

そこには死者と通底する時間感覚があり、学生時代に書いた『夏目漱石』や「マンスフィールド覚書」などにもつながるように思えた。

この前年の十一月に氏は、妻を亡くしていた。

子供がないこともあって、精神的に近い夫婦であるということは身近に接していて、よく分かった。

氏は、千軍万馬来ようとも、わが妻さえ居れば恐れるに足らずという気持ちでいたに違いない。

だからこそ、妻を亡くしたショックは自身の想像をはるかに超えるものであった。

妻の葬儀の直後、重い感染症を患い入院。二カ月の間に二度の手術を受け、翌年一月のはじめに退院したものの、今度は「自分が意味もなく只存在している」という一種異様な感覚に襲われ、このままでは気が狂うと思った氏はとにかく書かなくてはと、妻の死について書き始めた。

「妻と私」が「文藝春秋」（平成十一年五月号）に掲載されるや大きな反響を呼び、七月には単行本が刊行された。

そこには、妻が突然、転移性の脳腫瘍と診断されてから九カ月後に亡くなるまでの生と死の時間、夫婦間の深い交情が綴られていた。

妻の死と真正面から向き合い、「妻と私」を書き上げたことで、江藤氏は狂気を免れ、自分の生を一歩踏み出したかのように見えた。

一人暮らしを心配した石原慎太郎氏が紹介した住み込みの手伝いの女性を気に入り、「手伝いの人は素晴らしい人で、久々にわが家にいる気がする。頑張って再起を期す」と、石原氏宛ての手紙にも書いている。

そうして書かれた「幼年時代」に私は江藤氏の復活を見て、心の底から悦《よろこ》んだのだった。

平成十一年七月二十一日。その日は親しくしている乃木坂のイタリアンレストランで食事をしていた。そこに、江藤氏の死を知らせる電話が入った。このときは自裁については知らされず、私は病状の急変による死だと思っていた。

出版社が用意してくれたハイヤーで鎌倉に向かった。西御門谷戸《にしみかどやと》の江藤邸の手前で降り、細い道を進むと、地面から轟音《ごうおん》が響いてきた。夕方、鎌倉の山に降った豪雨が、ゆっくりと地表から深部へと浸透し、漸《ようや》く暗渠に流れ込んだのであろう。

自宅に入り、初めて自裁されたことを知った。

信じられなかった。「幼年時代」のようないい文章を書いていて、どうして死んでしまうのか。まだ連載は始まったばかりではないか。

江藤氏の批評家としてのすごさは、氏の持っている私情というか、自分が生きていくということにかかわる感情を率直に述べることが、世間の常識や正義とは関係のないところで批評になっていることだと、私は考えている。

母親への私情が溢れる文章の先に、どのような批評が現れてくるのか、私は見たかったのだ。

いい文章を書くだけでは人は生きられないのか——。

これが江藤氏の死に際して私が痛切に感じたことであり、今にいたるまで私自身への問いにもなっている。

二〇一七年六月、久しぶりに氏の墓参りをした。

江頭（江藤氏の本名）家の墓は青山霊園の中の、広瀬中佐の墓所に打ち続く、海軍関係者ばかりが占める一角にある。
佐賀県の県木、楠に囲まれた墓石の前で手を合わせ、黙とうした。黙とうしながら、改めて件《くだん》の問いについて考えた。

川端康成

「恵子さん、授賞式に来てくれますか？」

岸恵子
女優

『伊豆の踊子』『雪国』などで知られ、ノーベル文学賞を日本人として初受賞した川端康成（一八九九〜一九七二年）。生前に親交のあった岸恵子氏が、その知られざる姿を明かす。

一九六八年の冬たけなわのこの日、スエーデンの首都ストックホルムは雪に覆われ、キラキラ凍えてうつくしかった。飛行機のタラップを降りる私に日本の報道カメラが回った。

「スポンサーはどこですか？」「え？」。俳優という人間は、スポンサーがなければ旅行も出来ない生き物と思っているらしい。《飛行機の切符？　自分で買ったよ！》。啖呵《たんか》は胸で呟いた。

「恵子さん、授賞式に来てくれますか？」

川端康成先生からパリへ電話を頂いたのは二週間ほど前。日本の作家がノーベル文学賞を受賞するのは初めてのことだった。満席ではあるけれど、厳《おごそ》かなしじまが満ちる会場で、男性はスモーキング、女性はローブ・デコルテ。私もこの日のために夫がプレゼントしてくれたオートクチュールのドレスを着ていた。

式場に関係者以外の日本人はたぶん私ひとりだったと思う。胸がドキドキしていた。川端先生はさぞ緊張なさっているだろうと、余計な慮《おもんぱか》りのドキドキだった。アナウンスがあって壇上に現れた川端康成先生は紋付羽織袴だった。一幅の浮世絵さながらに美しかった。日本男児ここにあり、と高鳴る胸を鎮めた私が驚いたのは先生のあまりにも何気ない様子だった。

にこやかに賞を受け取る姿に、私はパリのシャンピ家での昼食を思い出していた。それは日本を出奔《しゅっぽん》した私が、パリという未知の街に着いた翌日だった。偶然に大使館でお会いして、私の結婚式の仲人を引き受けて頂きそのままシァンピ家に来て下さった。『岸恵子自伝』に既述したので重複になるが、昼時だった。前菜は、シァンピ家のボーイ長が銀のプレートから、優雅に配った見事なホワイトアスパラガス。私にとってもパリでの初めての昼食だった。

ナイフを使ってはいけないものが三つあるとは知っていた。サラダ菜、スパゲッティ、アスパラガス。じゃ、どうやって食べるの？　川端先生はこともなげに細い指でアスパラを摑《つか》み、ベシャメルソースに浸けてパクリと食べた。素敵だった。それを楽しそうに見ていたイヴ・シァンピと川端先生は長い親交を続けた。

世界の作家が夢見るノーベル文学賞を、丁重に受け取り、ゆったりと袴の裾を捌《さば》いて歩く川端先生は、さながら下駄履きで近所に煙草を買いに行くように、自然でさりげなかった。その姿が、いとも気楽に手づかみでアスパラをパクリとした先生とかさなった。私はいたく感動してしまった。

授賞式の後、ホテルのスイートらしき広間で、川端先生はみんなに自らおうすを点《た》てて下さった。美味しかった。「この国の王様はお茶好きで、スエーデンの水は特に美味しいのですよ」と言った作家の家族だけが集ったと思うお茶会だった。その数人の輪のなかで秀子夫人がすっと立ち上がった。

「恵子さん、家族と思って我慢してください。帯が苦しくて……」といいざま、くるくると帯を解いた。身体から帯を回し解いたのではなく、いかにも楽しそうにくるくると体を回したのだった。立派な帯は夫人の足下にとぐろを巻いて落ちた。下帯だけになった秀子夫人はぴょーんと嵩《かさ》の高いとぐろを飛び跳ねて越えた。私は吃驚した。「邪魔だわね、帯！」と笑いながらとぐろ帯を拾い上げ、居間であろう次室へポーンと放り投げた。

《あ、『雪国』の駒子だ！》

　長年の謎が解けたと思った。川端先生はそれを微笑みながら見つめていらした。私は海外旅行が自由化していない祖国を出奔した時、『雪国』を演じることで、昭和二十四年の過去と決別した。けれど、私の演じる駒子を豊田四郎監督は気に入らなかった。

「芸者になっていない！」「やっと芸者らしくなったが、新橋の芸者だ！」。初日からのダメ出しに私はやつれ果てていた。島村を演じる池部良さんの機転で、私は少々やけっぱちで大雑把《おおざっぱ》な駒子を演じてみた。

「いいじゃないのお駒さん！」。豊田監督がはじめて手を叩いてＯＫを出してくれた。天衣無縫な秀子夫人を愛しく眺める先生を見て、豊田監督は正しかったと思った。私はノーベル賞式典のストックホルムで『雪国』の駒子を理解した。

松本清張
文豪の道を自ら閉ざした作家

宮田毬栄
文筆家

『点と線』『砂の器』『昭和史発掘』などの作品で知られる大作家・松本清張（一九〇九〜一九九二年）。元編集者の宮田毬栄《まりえ》氏が彼に伴走した日々を語る。

松本清張氏が亡くなられて間もなく三十年（記事初出の二〇二二年一月当時）。四十一歳の遅い出発から八十二歳の死まで純文学、ミステリー、古代史、近現代史、伝記にいたる作品群は約千篇。全力疾走した作家の巨大な実像には未だ行きついていない。

一九五九年、中央公論社に入社した私が最初に担当した作家が松本清張であった。十月に創刊される「週刊コウロン」連載の長篇推理「黒い福音」の担当に新人の私が起用されたのだ。題材は三月に起きたスチュワーデス殺し事件。容疑者がカトリック教会の神父という前代未聞の事件が関心を集めた。

清張さんとの教会周辺での取材は三回ほど。あとは自分の力で取材し記録するしかなかった。清張さんに「取材原稿がおもしろい」と言われた時の喜びは格別だった。単行本になった『黒い福音』の見返しに、清張さんは「この本の共同取材者」と書いて贈ってくださった。

私が清張邸に通い始める前年、『点と線』『眼の壁』が空前のベストセラーになり、松本清張はジャーナリズムの寵児になっていた。国民的作家への道は、この『点と線』によって方向づけられたと言えるだろう。純文学を中心とする文学界の松本清張への視線が険しくなったのもその時期であった。

芥川賞作家・清張の森鷗外への拘泥《こうでい》は『或る「小倉日記」伝』や『両像・森鷗外』によっても明らかで、鷗外のような文豪の道を歩むのも可能だったろう。しかし、清張はその道を行かなかった。上石神井《かみしやくじい》時代の作家の深い苦悩はそこにあった。

電気会社の給仕、石版印刷の職工として青少年期を生きた清張は汗まみれで働く者の生理や心理を知りすぎていた。その体験ゆえに、どんな境遇にいる者にも読める平明な文章を書くことを、自分の文学に課したのではないか。その心理的自覚、生理的自覚と孤高なものへの憧憬がせめぎ合う感情が松本清張の文学生活を支配していたのではなかったろうか。

兼高かおる

三〇年で計一六〇カ国もの旅

ヤマザキマリ　漫画家

旅行番組で三〇年以上も世界を巡った兼高《かねたか》かおる（一九二八〜二〇一九年）。二〇二一年、第一回兼高かおる賞を受賞した漫画家のヤマザキマリ氏が、彼女から受けた影響を語る。

戦争が終わって一三年、やっと日本人の想像力にも夢や希望の余地が芽生え始めていたころ、スカンジナビア航空の主催する「世界早回り」企画に挑戦し、七三時間九分三五秒という新記録を樹立した女性がいた。

兼高かおる、という名前はこのニュースを機に世間で広く知れ渡るようになり、早速テレビ局は新時代の女性の象徴として彼女をフィーチャーした旅番組を企画。紀行番組の金字塔と言える兼高さんの番組が初めて放映されたのは一九五九年のことだ。『八〇日間世界一周』のテーマ曲をＢＧＭに悠々と離着陸をする航空機のオープニングシーンだけで、いったいどれだけの日本人が見知らぬ世界の国々へ憧れをつのらせたことか。「わたくしは」「ございますの」という気品に満ちた口調が兼高さんの象徴となったが、ケネディ元大統領などセレブとの対談もこなせばワンピース姿でピラミッドを駆け上る大胆さとのギャップで多くの視聴者を魅了した。

　兼高さんが亡くなる数年前、対談でお会いする機会があった。彼女は私と挨拶を交わすなり「わたくしね、悔しいの」などと仰るから何事かと思えば「あなたが行けて、わたくしが行けてない場所があるの。それはね、シリアのパルミラなのよ」と屈託のない少女のような瞳で悪戯《いたずら》っぽく微笑んでいた。

　そこから子供の頃の愛読書がどちらもアラビアンナイトだったという話で盛り上がったが、人の本質的な美しさを象《かたど》るのは飽くなき好奇心と教養への旺盛な欲求にあることを、兼高さんとしばしご一緒したことで痛感した気がした。

三〇年に渡る放送で計一六〇カ国もの旅が紹介された「兼高かおる世界の旅」は日本のメディア史上における重要な番組のひとつだが、この番組を知らなかったらおそらく今の私はいなかっただろう。

吉本隆明

「いちばん低いものでいなさい」

糸井重里

コピーライター

『共同幻想論』などで一世を風靡《ふうび》した思想界の巨人・吉本隆明（一九二四〜二〇一二年）だが、コピーライターの糸井重里氏は、そんな彼の意外な日常生活を目撃していた。

「思想界の巨人」というあだ名を、ご本人はどう思っていたのか、いまさら冗談のように聞いてみたいという思いがある。

「僕は、ふつうに生きている人、あるいはそういう生き方をすでにやっている人の生き方が、いちばん価値ある生き方だと、理想としています」

「ほぼ日《にち》」（ウェブ「ほぼ日刊イトイ新聞」）の創刊五周年記念の講演で、吉本隆明さんはこうしゃべりはじめた。そういう人を一〇〇点だとすると、その価値からいちばん遠いところにいるマルクスのような人が〇点ですというふうに話は続いた。自身については、器量がなくて「中間ぐらい」と採点していた。

ふだんの世間話で、これに近い内容のことを、ぼくは吉本さんの口からいちばん多く聞いた気がする。

吉本ばななさんが、「父から唯一教えられたこと」が「人が集まったときには、いちばん低いものでいなさい」ということだったとどこかで言っていたが、そのことも通じているように思える。子どもに教えるばかりでなく、日常生活のなかの吉本さんは、それをいつでも実践していたようだった。

なかでも、年に一度、吉本さん一家とご近所の人たちが集まって、谷中の墓地の中で開かれる花見があったのだが、そのときの吉本さんは、わかりやすく「低いもの」だった。

花見には「場所取り」が必要になる。一般的には「低いもの」の役割だ。この花見では、午前中にブルーのシートやガスコンロなどを自転車に積んできて、墓地のどこかに場所を確保するのは、吉本隆明さんの仕事だ。参加するメンバーがだらだらと集まるのは夕方から夜にかけてだから、それまでの時間、吉本さんは、ひとりで広げたブルーシートに横になって、本を読みながら待っているのだ。

こういうことは、それこそ何十年もずっと続いていたことだった。「思想界の巨人」は、それだけでも、〇点は免れていたと思う。

岡本太郎
強く潔い生き方が眩しい

平野暁臣
空間メディアプロデューサー

「芸術は爆発だ！」が人口に膾炙《かいしゃ》し、日本を代表する不羈《ふき》奔放な芸術家・岡本太郎（一九一一～一九九六年）。岡本のパートナーだった敏子さんの甥、平野暁臣《あきおみ》氏が振り返る。

物心がついて南青山のアトリエに遊びに行くと、いつも忙しそうに仕事をしていた太郎さん。そこに〝爆発おじさん〟の面影はなく、とてもクールで知的な人でした。「ねえねえ、何をつくっているの？」。そう訊くと手を止めて丁寧に答えてくれるのですが、何を言っているのかさっぱりわからない。煙《けむ》に巻こうとしていたわけではありません。決して子供扱いしなかったからであり、決して誤魔化さなかったからです。ポカンとしていると、解説はさらに熱を帯びていきます。

　ぼくは子供心にそれが嬉しかった。「この人は周りの大人たちと違う。子供のぼくに正面からフェアに向き合ってくれた」。そう感じたからです。同じ話を石原慎太郎さんから聞きました。ピカソ展で太郎さんが客と対話するという企画に遭遇し、高校生の分際で「あなたの言っていることはおかしい」と議論を吹っかけたところ、顔を真っ赤にして反論してきたというのです。それに感動したんだと。

　大新聞だろうと学生のガリ版刷りだろうと、まったく分け隔てしなかった。伯母の敏子がよく言っていました。相手の立場に忖度《そんたく》することもなければ、相手を見て態度を変えることもない。そもそも保身という概念を持ち合わせていない。それが岡本太郎です。

「グラスの底に顔があってもいいじゃないか」で有名な《顔のグラス》を作った時、「タダのオマケなんて、自分の価値を下げるだけだ」と周囲は大反対。しかし彼は「タダなら誰でも手に入る。それで一杯やって気分が良くなる。それのどこが悪いんだ！」と聞く耳を持ちませんでした。

小賢《こざか》しい世渡りとは無縁。駆け引きなし。つねに正面からフェアに。

太郎さんはこのシンプルな行動原則を貫きました。それが〝岡本太郎という生き方〟です。若者たちが惹《ひ》かれる気分はよくわかります。この強く潔い生き方が眩《まぶ》しいのです。

手塚治虫

さらりと人間の本質を描く。すごい。

萩尾望都
漫画家

今なお多くの作り手に影響を与え続ける〝漫画の神様〟手塚治虫（一九二八～一九八九年）。手塚になぞらえて〝少女漫画の神様〟と呼ばれる萩尾望都《もと》氏が見るそのすごさとは——。

漫画家になって数年目、ある出版社のパーティでだったと思う。手塚治虫先生に「萩尾さん、どんどん描きなさい」と声をかけていただいた。新人の作品もよく読んでいらしたのである。「はい。でも私、話を作るのが遅いんです」と答えると「え？　どうして？」とあっさりと言われた。

そうか！　手塚治虫先生は話を作るのが早いのか！

手塚治虫は膨大な量の作品を描いている。月刊誌に「鉄腕アトム」や「リボンの騎士」、新聞連載、少年週刊誌に「０マン」や「どろろ」、大人週刊誌に「上を下へのジレッタ」、それから「地球を呑む」「グリンゴ」などなど。幼児向け「らびちゃん」あり「ブラック・ジャック」の一話完結のシリーズものあり。毎月の生産ページがひと頃は五百枚あったという。

私の場合は三十二ページの作品で物語とネーム作り（画面にある程度コマ割りをしたものをいう）に五日から十日はかかる。絵に十日はかかる。描き終わると三日は疲労で伸びるので月に一本、無理に描いて精々二本だ。

ううむ！　手塚先生！　なぜそんなに途切れることなくストーリーが湧き出てくるのか？　しかも、何年も。

そう、手塚治虫は紛《まぎ》れもなく稀有なストーリーテラーなのだ。スティーヴン・キングやアイザック・アシモフのように。アイデアと設定、舞台の切り口、敵や味方、キャラの配置。短編、中編、どれもいい。特に長編は見事。勧善懲悪の設定はあまりなく、相反する二つの価値観の相剋《そうこく》という複雑な物語が多い。「アドルフに告ぐ」「シュマリ」「陽だまりの樹」など。手塚治虫の脳には次々とアイデアが浮かび、妄想系はフル稼働だろう。この幸福な拡散の後、物語は集結を迎える。実は物語は最後の着地が難しい。

四散した枝枝をまとめテーマをギューッと結びあげる。しめ縄を締め上げるように形よく。これがかなりの力業《ちからわざ》でエネルギーを使う。私も、毎回それで苦労する。拡散と収縮。手塚治虫は毎回見事に着地する。金メダルをとった内村航平のように美しく。「キャプテンＫｅｎ」「新選組」「ノーマン」どれも美しいラストシーンだ。

ストーリーもすごいが、手塚治虫は漫画表現でも革新的なことをやっている。それは、画面に音楽を持ち込んだことだと思う。

二次元の画面に音はない？　いや、あるのだ。コマからコマへと目線がセリフを追い、キャラクターを追い、物語を追う。目線はどこにもつまずかない。迷わない。作者の目論《もくろ》見《み》、計算通りに移動していくその掌《たなごころ》に感覚を委《ゆだ》ねて引っ張られてゆく心地よさ。呼吸がある。音楽がある。

これは、たとえば一九六〇年代のアメリカンコミックスを読んで比較するとよくわかる。「スーパーマン」や「バットマン」のコマ割りは一コマ一コマが静止画像で説明的な絵物語に近い。それなりに面白いが目線の流れる音楽はない。

手塚治虫が現れたことで日本の戦後のストーリー漫画の世界は広がった。若い人に刺激を与え、藤子不二雄、石ノ森章太郎、松本零士、水野英子と、次々と後に続く新人を生み出した。これはまさに、表現においての革命ではないかと思う。

もうひとつ言っておきたい。手塚治虫は情緒の人だ。しかも、本質をつく。「鉄腕アトム」のシリーズに「ブラック・ルックスの巻」というのがある。それは「よのなかにただひとつついこいの場所があるとすればそれはおかあさんのひざの上である……」という文から始まる話で、ラストシーンもそれで締め括《くく》られる。「おかあさんのひざ」を求めているのは子供の頃母親を殺された（と信じている）青年なのだが散々な悪事を働いた後で「おかあさんのひざ」に辿《たど》り着き泣き伏すのである。大人になって読み返した時、青年の魂が救われる一瞬に新たに感動した。

中身は元気なアトムの活躍ものだが、惜しげも無く恥ずかしげもなく愛に飢えて泣く青年が描かれる。切実なのは、これが人間の深淵に眠っている本音だからだ。ただこの本質も本音も弱さも愛も、男はなかなか見せようとはしない。勝利と努力ばかりを語りたがる。だが手塚治虫はちゃんと描く。さらりと本質を描く。すごい。
私は手塚治虫の物を捉える視点が好きなのだ。漫画家になる前もなってからも、多大な影響を受け、今なお読み返しては、影響を受け続けている。

柳家小三治

「あんなもんじゃ、まだまだ」

柳家三三
落語家

その没後も惜しむ声が絶えない落語家の十代目柳家小三治（一九三九～二〇二一年）。中学生のとき小三治の高座に魅せられ、その門を叩いた柳家三三《さんざ》氏が語る。

師匠から噺を直接教わったことはありません。

僕が二ツ目になる少し前に、差し向かいで「道灌《どうかん》」を聞いてもらったことならありますが、冒頭の「ご隠居さん、こんにちは」「だれかと思ったら八っつぁんかい」のくだりで「だめだ」と言われてしまった。それから一時間近く同じせりふを繰り返しても、ずっと「だめ」。なにがどうだめなのかは指摘してくれず、それでおしまいでした。

その後、真打ちになる前に師匠の前座で「道灌」をやったとき、えらくウケたんです。高座が終わって意気揚々と袖に引っ込むと、師匠がすれ違いざまに「あんなもんじゃ、まだまだ」。師匠が感想を言ってくれてうれしいような、でも悔しい気持ちは忘れられず、それから数年は師匠の独演会の前座では意地でも「道灌」しかやりませんでした。

うちの師匠自身、五代目小さんに稽古をつけてもらうことはなかったそうです。たった一度だけ噺を聞いてもらったとき、師匠の噺が終わるやいなや、小さんは閉じていた目をぐっと開き、「お前の噺はおもしろくねえな」と言って立ち去った。以来、なにが悪かったのかをずっと考えつづけていると、折に触れて口にしていました。

師匠は最晩年も精力的に高座をこなしましたが、亡くなる前の三カ月ほどは正座ができず、丸椅子に腰掛けて落語をやっていたんですね。ある日、高座が終わって幕が降りたあと、椅子から立ち上がりながら「まだまだ、こんなもんじゃない」と言うんです。弟子にも厳しかったけれど、それよりも自分に厳しい人で、最後まで決して芸に満足することがなかった。
手取り足取り噺を教えてくれることこそなかったものの、〝噺家〟としての生き方や矜《きょう》持《じ》を弟子に見せ、指針になってくれた。生きているときはずっとそうだったし、これからもずっとそうなのだと思います。

永六輔
「伝えること」の大切さを教えてくれた

外山恵理
TBSアナウンサー

市井の人々の話を聞き、その知識をラジオを通じて伝え続けた永六輔（一九三三～二〇一六年）。長くサポートしたアナウンサーの外《と》山《やま》恵理氏が想いを明かす。

物知りだけど気難しい人――。そんなイメージで見られがちな永六輔さんとの出会いは、二〇〇〇年五月、「土曜ワイドラジオTOKYO　永六輔その新世界」のアシスタントに私が起用された時でした。当時、たくさんのリスナーから「外山で大丈夫か？」と不安視する手紙が番組に寄せられました。でも永さんはその一通一通に、「彼女のいいところを見てあげてください」と、私を擁護する返事を書いてくれていたんです。

「どこが気難しいの？　永さんってすごくいい人じゃない！」

　と思いました。

「テレビ嫌い」と見られてもいましたが、決して嫌いなわけではなかった。ただ、今のテレビ番組に、〝作り手の思い〟がないことを危惧していました。自分で「面白い人」を探さずに、他の番組に出ているタレントを連れてきて、似たような番組を作る安直さに嫌気がさしていた。「自分で探す」という、番組作りの根幹をなす思想がない今のテレビ業界に興味を失っていたのです。

　話すことが大好きな永さんが、晩年はパーキンソン病で思うように話せなくなり、一部では「番組打ち切り」も囁《ささや》かれていました。でもある時、永さんに言われたんです。

「手伝ってもらえますか？」

　この一言で、私はサポートに徹する覚悟を決めました。永さんと一緒に番組を続けたかったんです。

本当に色々なことを教えていただきました。永さんは人に何かを伝える時、それを自分に教えてくれた人の名前を紹介します。知識には必ず「教えてくれた人」が存在することを示す姿勢を貫かれていました。

「伝えること」の大切さを教えてくれた永さん。いま私がアナウンサーを続けていられるのは、間違いなく永さんのおかげです。

強い者には堂々と意見し、弱い人にはとことん優しいジェントルマン。

私は、そんな永さんが大好きです。

池波正太郎

「自分は作家という職人だ」

鶴松房治
池波正太郎記念文庫指導員

『鬼平犯科帳』をはじめ数多くの人気作品を生み出した池波正太郎（一九二三〜一九九〇）

年）。十五年間、私的アシスタントを務めた鶴松房治《ふさはる》氏が、人間性と作品の魅力を語る。

池波正太郎は常に創造している人でした。そして、いかに読者に楽しく読んでもらうかを考えていました。よく「なんか面白いことないかい？」と言われましたよ。

池波さんの作品は、読む人の立場や考え方によって、それぞれに解釈できますが、それがありがたいと池波さんは言っていました。池波さんはいつも「自分は作家という職人だ」と言い、〝名作は残さなくてもいいが駄作を出してはいけない〟と肝に銘じていたようです。これは生まれ育った浅草や、錺《かざり》職人だった祖父の影響が大きかったと思います。

池波さんは、生粋の東京下町っ子の性格でした。まず、気が短い。だけど非常に律儀《りちぎ》で用意周到。とにかく時間に正確で、生涯で一度も原稿が遅れたことはありませんでした。

お酒は一日二合までと決め、銀座に飲みに行った後でも必ず帰宅後に原稿を書く。月に五百枚もの原稿を書いていた時でも、締め切りの一週間前から遅くても三日前には原稿ができていました。鬼平は文春、梅安は講談社、剣客商売は新潮……と出版社ごとに人気作品をふりわけて書いていたあたりも、大した作家だなと思います。

池波作品には食べ物も多く登場しますが、それは食で季節感や人間の生活を表現するためです。歴史でも社会問題でもなく、人間の生態を描き続けた池波さんは食べることを大事にしていました。そのせいか、池波さんは食通でしたが、美食家といわれることは嫌っていましたね。

池波さんらしい作品というと、私は『剣客商売』を思い浮かべます。秋山小兵衛というのは池波さんが考えるリタイアした後の男の理想を書いているんです。池波さんの寿命を縮めたのは、四六時中創作していたせいもあると思うんですが、秋山小兵衛もスローライフを送ろうとしたのにできなかった。そういうところも池波さんらしいなと思います。

井上ひさし

まっすぐで楽天的な人だった

井上ユリ
妻・料理研究家

『吉《き》里《り》吉《き》里《り》人《じん》』や『ひょっこりひょうたん島』などで老若男女から愛された小説家、劇作家の井上ひさし（一九三四～二〇一〇年）。「まぎれもない天才」ぶりを妻・井上ユリ氏が

綴る。

結婚当初、ひさしさんは映画のビデオを次々にわたしに見せた。ビリー・ワイルダー、黒澤明、ヴィットリオ・デ・シーカ等々。自分の好きなものを知ってもらおうとしていたのと同時にこちらの反応を見ていたようだ。マルクス兄弟でわたしが笑い転げるのを見て、心底安心したように「これを面白がってくれてよかった」と言った。

一方で、わたしがイタリア料理を教えていたものだから、俄然《がぜん》イタリアに興味を持ち、書くものの中で料理にふれるなど、なにかとわたしの受け売りをするようになっていた。

その様子を見ていた姉（米原万里）は、「ひさしさん、て『可愛い女《ひと》』だったのね」と言った。チェーホフの短編小説、「可愛い女《ひと》」の主人公オーレンカは、男運が悪いため何度か結婚するが、いつもそのときの夫と一体化してしまう女《ひと》なのだ。

あのときのひさしさんは、離婚を経験して、もう失敗したくないから一所懸命わたしに合わせていたのだろうし、それまで知らなかった世界にふれて面白がってもいたのだろう。

しばらくして、この人は書くこと以外は他人に合わせよう、エネルギーはすべて作品を生み出すことに注いで、日常は平和に過ごそうとしていることに気が付いた。こと創作になるとひさしさんは一切妥協しない。

奇想天外な物語、椅子から転げ落ちてしまうほどおかしなギャグ、ハッピーエンドではないのに感じる希望。いち早く新作が読めるわたしはその都度《つど》「ひさしさん天才！」と叫び、本人はまんざらでもないのに「頼むから外では言わないでくれ」と懇願した。

世間では才能ある人は変人で気難しいと思われているようだが、ひさしさんはあっけないほどシンプルな人だった。まぎれもない天才は、笑うことが大好きな、まっすぐで楽天的な人だった。

小林秀雄

日常のひとときが書くことと同義

白洲信哉

孫・文筆家

日本における文芸批評の祖とされる小林秀雄（一九〇二〜一九八三年）。その小林と白洲次郎を祖父に持つ白洲信哉氏が幼き日の思い出を綴る。

昭和五十八（一九八三）年三月一日、僕が高校三年に上がる春に小林秀雄は亡くなった。日本の近代批評を確立したと言われる小林だが、孫との会話に特別なことはなく、小林の住む鎌倉に越してからも、外食（多くはフランス料理）や、お正月は湯河原の温泉宿にと、やはり特段のことはない。ただ、単なる家族旅行ではなく、今日《こんひ》出海《でみ》さんや水上勉さん、文藝春秋の社長だった上林《かんばやし》吾郎さん他多数知人が同宿で、僕の楽しみは各自のお年玉だった。ちなみに小林より水上先生の方が沢山だった。

　小学三年になり僕が将棋を始め夢中になっていると、小林より強かった永井龍男先生のお宅へ。「孫の相手になってくれ」と、小林はさっさと帰ってしまうのだが、永井先生より強くなると、プロとも交流があったＹ社長を紹介してくれるなど、祖父母たちは、僕が興味を持ったことを応援してくれた。が、こうした生前の出来事より、亡くなってからの付き合いが僕は濃密だ。小林秀雄生誕百年記念展の企画をはじめ、折々小林に触れ、昨今も文庫の解説依頼があったりしている。何より僕の中で特段なのは日々の晩酌である。

　小林は夕方風呂を浴び、食卓のある日本間にお相撲の中継がやっている時間に座るのが日常だった。晩飯前の時間欠かさなかった独酌。愛用の備前徳利に酒を入れ、斑や井戸の盃に注ぎ一杯、一日が終わっていく。こうした日常のひとときが書くことと同義だった。

「考えるとは、物に対する単に知的な働きではなく、物と親身に交わる事だ。物を外から知るのではなく、物を身に感じて生きる、そういう経験をいう」（「考えるという事」）

眼や掌で直《じか》に触れることで、珠玉の言葉を紡ぎ出した。二〇二二年小林は生誕百二十年を迎えた。ゴッホ、モーツァルト、ドストエフスキー、宣長等著作は皆小林の遺言であり、命日にはそれらを肴《さかな》に、先の酒器を取り出し献杯。小林との会話を重ねていきたいと思っている。

与謝野晶子

自分の美的感覚を押し通す芯の強さ

与謝野達
孫・金融家

歌人の与謝野晶子（一八七八～一九四二年）は、歌集『みだれ髪』で脚光を浴び、生涯で約五万首を残した。日露戦争に出征した弟への詩「君死にたまふことなかれ」が広く知

られ、教育者でもある。与謝野家に伝わる逸話を孫の達《とおる》氏が語る。

祖母は私が一歳の時に六三歳で亡くなっており、今は亡き兄・馨《かおる》（元衆院議員）と「教科書に出てくる人という存在だね」と語ったことがあります。ただ親族から折に触れて思い出話を聞く機会はありました。

祖母の次男で後に外交官になった父・秀《しげる》は、晶子と歌人の祖父・鉄幹が貧しい生活をしていた時期に生まれ育っています。長男である伯父・光は小学生の頃から養鶏をして卵を売り、父も子供の時から晶子に頼まれて出版社へ原稿料の集金に走っていたそうです。

晶子は一二人もの子を産みながら家計を担い、創作のみならず教育・社会活動までこなす大車輪の働き。不器用で出版にお金をかけてしまう鉄幹を支え、ずっと愛していました。

伯父が成人した頃、晶子がお弟子さんから「光さんは美男子ですね」と言われたことがあったそうです。普通の母親なら謙遜するところでしょうが、晶子は平然と「いいえ、寛（鉄幹の本名）の方がずっと美男子でしたよ」と答えたといいます。

よく言われるような情熱家であるだけでなく、人と違う言動を取るのを恥ずかしがったり照れたりしない。パーティに着ていけるような衣装がない時には、手持ちの着物に自分で絵柄を描いたこともあったと聞きました。

私が生まれた時、母が晶子の元へ連れて行ったら「あらあら、おませな顔をして、小学四年生みたいね」と言ったそうです（笑）。

「変わった人」といえばそれまでですが、人と違うということが批判の的になりがちな日本社会で、自分の美的感覚を押し通す芯の強さがあった。そんな晶子の生き様は、自由という言葉より、過去の因習や固定観念、他人の目からの「解放」という方がふさわしいのではないでしょうか。

向田邦子
最高だった豚しゃぶの味

梶芽衣子
女優

昭和を代表する脚本家、名エッセイスト、直木賞作家の向田邦子（一九二九〜一九八一年）。国民的人気ドラマ「寺内貫太郎一家」で長女・静江を演じた梶芽衣子氏は当初、出

演を断っていた――。

あの頃は映画『女囚さそり』シリーズがブームになった直後でしたから、ダークな役のイメージが定着していた私にホームドラマは馴染まないだろうなと。そんな折、向田先生から青山のご自宅マンションにお招きいただいたんです。

先生が「誰でも出来んのよ」と言って振舞ってくれた夕食が、豚しゃぶ（鍋）でした。昆布と鰹で出汁《だし》をとり、そこにニンニクひとかけらを半分に割って芽を取ったものを入れ、煮立ってきたら日本酒をコップ一杯入れる。お野菜はきのこ類をたくさん入れるのがおすすめです。

先生は「牛肉ばかり食べたらだめよ。身体にもいいんだから豚にしなさい」と言う。食べてみたら本当にその通り。塩分控えめのポン酢に万能ネギをたっぷり入れて食べる豚しゃぶは絶品。〆のラーメンでスープを全部飲み干しちゃいました。簡単、高価な牛肉と比べたら豚肉は経済的、そして無駄がない。もう最高！

ドラマ出演について「どうしても出て欲しい」というような押し付けがましさがなく、「まぁやってみるのがいいんじゃない」と自然な感じ。豚しゃぶですっかり気持ちがほぐれ、先生の飾らない人柄に惹かれ、出演をお受けしようと思いましたね。

ドラマがはじまってしばらくして青山のスーパーマーケットで先生と遭遇すると、「あなたが出てくださって嬉しい。しーちゃん（静江の愛称）、とっても良いと思うわ」と声をかけてくださいました。

静江は幼い頃、お父さんの不注意で足に障害を負う。あまり露骨に足を引きずると、周りに気を遣わせてしまうし、何よりお父さんを傷つけてしまう。静江の役柄と向き合い、足の引きずり方を自分なりに研究しました。「先生、足の感じはどうですか？」と聞いてみると、「あれが良いと思ってんのよ！」って。最高の誉め言葉にホッとしました。

藤沢周平

中国でも共感を呼ぶ理由

遠藤展子
長女・エッセイスト

二〇二二年九月に「中国の直木賞」とも呼ばれる魯迅《ろじん》文学賞（翻訳文学部門）を、藤沢

周平（一九二七〜一九九七年）の『小説の周辺』が受賞した。今なお多くの読者に愛され続ける理由を、長女の遠藤展子《のぶこ》氏が語る。

父の作品は十二冊が中国語に翻訳されていますが、そのうち唯一のエッセイが賞をいただきました。高度成長期が終わり、日本が豊かになった頃の作品です。地方から都会に出てきた人々が故郷を思い、子供時代の親兄弟や友達との思い出を懐かしむ話に、中国の方々も共感してくださったのだと思っています。

父はサラリーマンの日常や、会社内での上司と部下といった立場からくる悲哀を、設定を江戸時代に移して描いています。その理由を、「現代社会でそのまま書くと生々しすぎるので、時代小説にして日常を描いた方が市井の人々の気持ちがよく書けるから」と話していました。人間関係は昔も今も変わらないわけで、父の小説がこんなにも長く読み続けられる理由のひとつは、ここにあるのではないでしょうか。

二〇二二年は没後二十五年をむかえ、二〇二三年は『暗殺の年輪』で直木賞を受賞してから五十年になります。父が亡くなってから著作権の管理と藤沢周平記念館（山形県鶴岡市）の仕事を始め、残された蔵書や手帳、メモなどの資料を整理しました。父の思いや考え方にあらためて触れることが多く、生前よりも毎日父と付き合っている気がするほどです。父の作品が原作の映画やドラマをきっかけに、本を手にとってくださる読者も増えました。映像化にあたっては、その作品を繰り返し何度も読み直しています。そういう意味では以前に比べて、はるかに藤沢作品と濃密な時間を過ごしています。

最近は「親子三代で愛読者です」と応援してくださる方も増えてきました。本当にありがたいことですし、とても嬉しい気持ちでいっぱいです。私も家族ができて子供が大きくなり、若い頃に読んだ時と今では、理解の仕方も変わりました。父の作品をもっともっと知っていただきたいという思いが強くなる一方です。

片岡球子

「絵描きの前に人間を勉強しなさい」

松村公嗣 画家

斬新なタッチと色彩で、日本画に新風を吹き込んだ片岡球子（一九〇五〜二〇〇八年）。

「文藝春秋」の表紙を長年担った松村公嗣《こうじ》氏の恩師でもある。

　片岡先生との初めての会話は愛知県立芸術大学入学後のことです。「松村はビリで入学したのだから頑張りなさい」。瞬時に小生意気な性格を見抜き、浮き足立った私を正す激励でした。日本画修業の始まりです。

　学部二年では、油絵の艶に憧れて膠《にかわ》を塗り重ねていると、面白いことをやっているねと声をかけてくださりました。泥臭い実験を褒められたようで有頂天になり、その後も技法研究に情熱を注いだものです。

　のちに知りましたが、その頃の先生は膠に代わる接着剤の研究として作品にボンドを使用されていました。ＮＨＫの日曜美術館「片岡球子展」の放送でボンドによる作画を再現したいと依頼があり、左右が約二・五メートルに及ぶ二〇〇号の作品を調査しました。基底材は和紙ではなく油絵用キャンバスで、なんと指だけで描いておられたのです。油絵具に使用される粉末顔料とボンドはよく混ざり合って発色も美しく、指で直に触れると画面へ情緒的に描けます。先生はこの大きな作品を二カ月間で仕上げられ、気が付くと指紋が消失されていました。小柄な先生が五七～七五歳頃まで約一八年間、この方法を貫かれて驚愕しました。

　ある日研究会で、青森で働く夏の漁師の絵を先生に見ていただいたときのことです。路銀をやるから今すぐ青森へ行きなさいと言われ、真意もわからず真冬に一人向かいました。吹雪で風はしょっぱくて、凍てつく海には人もおらず、スケッチどころではありませんでした。先生に電話でそう伝えると「それでいい」とだけ仰って切れました。

「絵描きの前に人間を勉強しなさい」

　先生の口癖でした。対象物の魅力を研究せずに描けるはずはありません。亡くなる一〇三歳まで、自分は絵は下手だけれど続けることが大切よと、常に物事の本質を自ら肌で見極め、それを貪欲に作画で実践されてきた偉大な恩師です。

第6章　学問を世間の知まで広げた人々

柳田國男

半裸の執筆姿に畏敬の念を覚えた

南八枝子
孫

民間伝承の研究で日本民俗学を確立した柳田國男（一八七五〜一九六二年）。学問に没頭するその姿を、孫の南八枝子《やえこ》氏は鮮明に覚えている。

柳田國男が自宅の書斎に民俗学研究所を設立したのは、戦後すぐの一九四七年のことでした。

私の父である長男の為正は結婚後も両親と同居でしたから、私も三人の兄弟も、國男と同じ屋根の下、研究所のある家で暮らしました。もとは國男の書斎だった研究所は、天井まである本棚に囲まれた四十畳ほどの部屋。そこに若い研究者や職員が複数勤めていて、関連分野の学者や地方からのお客様が國男と話すために毎日のように訪ねてきます。そうした方々が故郷の話をして、逆に國男の方が細かい事まで知っていて驚かれたりすることも多かったようでした。

三歳からの十年間、私はそんな賑やかな研究所に入り浸って過ごしました。大勢の方たちとの集合写真には、真ん中に祖父に抱かれた私が写っているものが数葉残されています。子供好きな祖父は初の内孫の私の兄を特に可愛がり、日課だった武蔵野散策に連れて歩きました。

来客や散歩のとき以外は、國男はずっと本を読み、文章を書いていました。研究所にあった三万冊にも及ぶ蔵書（雑誌を含む）は、どの本のページをめくっても印がついていたという話があるほど。最晩年に隠居所を建てるまでは研究所の真上にある二階の自室で執筆していましたが、夏の暑い中、シャツを脱ぎ裸になって書いているのを見たときは畏敬の念を感じました。

國男は、ひたすら民俗学という学問分野の樹立に励んで生涯を終えた人でした。五七年に閉じた研究所の蔵書は成城大学に寄贈し、同大には民俗学専攻クラスが設けられました。早くから女性の研究を奨励し、今にも女性民俗学研究会が続いています。

國男には十一人の孫がいますが、民俗学を修めたのは私一人です。成城大学の後、インディアナ大で民俗学の修士号を取りました。主任のR・ドーソン博士は國男の研究所に通われたご縁もありました。没後六十年になりますが（記事初出の二〇二二年一月当時）、今回取り上げていただいて嬉しいです。

小泉信三

ハンセン病患者へ野球の贈り物

山内慶太
慶應義塾大学教授

経済学者であり、戦前から戦後にかけて慶應義塾の塾長を務めた小泉信三（一八八八～一九六六年）。戦後に今の上皇の教育掛となって、ご成婚にも尽力した。小泉妙著『父小泉信三を語る』で聞き書きを担当し、『小泉信三エッセイ選1・2』を編集した山内慶太教授は、小泉信三を〝勇気ある自由人〟と呼ぶ。

東京・東村山市にあるハンセン病の国立療養所「多磨全生園《ぜんしょうえん》」で、慶應義塾大学の野球部が紅白試合を戦ったことがあった。一九五二（昭和二十七）年のことで、患者たちに

「本物の野球を観せたい」と、小泉信三が野球部に働きかけた〝出張試合〟だった。試合では、のちに「早慶六連戦」などで名監督といわれる前田祐吉が投げ、ホームランを打たれる。そのとき患者たちは歓声をあげて拍手をしたが、包帯を巻いた手はバコンバコンという音を立てた。その姿に、前田は初めて、ホームランを打たれたことを「よかった」と思えたという。小泉は患者たちを歓喜させただけでなく、野球部員たちにも貴重な学びの機会を与えた。

野球の試合で人々を励ましたところは、戦時中に小泉が、出陣学徒への餞《はなむけ》として開催した〝最後の早慶戦〟（出陣学徒壮行早慶戦）にもつながるだろう。スポーツが大好きで、学生時代からテニスに打ち込み、「練習ハ不可能ヲ可能ニス」の名言を残したのはよく知られている。

小泉は一九三三年から一九四七年まで慶應義塾長を務めたが、その間に人生を揺るがす出来事がいくつも起こった。

戦争が始まると、海軍にいた一人息子の信吉《しんきち》が戦死する。送り出した多くの塾生が戦死した。福澤諭吉以来の西洋文明を取り入れた自由主義の学校として、政府から睨まれて強い圧力を受ける。そんな状況でさえ、左翼思想を理由に文部省が執拗《しつよう》に罷免《ひめん》を求めてきた教員たちを、小泉は徹底して守った。そして終戦の年、五月の空襲で三田の自宅に焼夷弾が落ち、小泉は顔と両手に重度の火傷を受けて慶應病院に運ばれた。エッセイ「音楽の記憶」には当時の気持ちが綴られている。

〈国は敗れ、身は傷《きずつ》き、多くの親しいものは死に、母校は灰燼《かいじん》に帰した。もとより死を願う筈《はず》はないが、しかし、生は今いかなるものを自分に与え得るのか〉

戦後に塾長を辞めると、あらゆる公職から離れて文筆生活に入った。自ら名乗った肩書はライター。「文藝春秋」の連載「読書雑記」は人気を呼び、『共産主義批判の常識』はベストセラーとなる。大臣など要職への誘いは当然あったが、体調などを理由に固辞した。

一九四九年に東宮御教育常時参与に就任し、皇太子明仁親王（現・上皇）の教育掛になるときは、田島道治《みちじ》宮内庁長官が説得に通った回数は九回とも十四回ともいわれる。昭和天皇も希望していたのであろう。

皇太子殿下は小泉と、ハロルド・ニコルソンの『ジョオジ五世伝』や福澤諭吉の『帝室論』を丁寧に読み進めたようだ。

そのような経緯から、美智子様とのご成婚にも尽力した。発表まで報道を控えるように、と不自由な身体でマスコミ各社をまわり、ご婚約発表に際しては、約束を守った各社の求めに応えて原稿を寄せた。

二〇〇八年に慶應義塾で「生誕百二十年記念小泉信三展」が開かれた際、天皇皇后（現・上皇上皇后）両陛下がお見えになった。私はご説明係を務めたが、展示を一つひとつゆっくりご覧になり、懐かしそうに和《なご》やかに会話を交わされるお姿に、両陛下の小泉への気持ちの深さを実感した。お帰りになられたあと、何人かの若い宮内庁担当記者がそのお姿から、小泉のことをもっと詳しく知りたくなった、と話していた。

お二人がご婚約されたとき、小泉は新聞に寄せた文章に〈御結婚の後は、義務の多い生活をお送りにならねばならず、お二人ともに十分その御用意のあることを信ずるが、どうかその間にも、少しでも多くお二人だけの楽しい時をお持ちになっていただきたいと思う。お側《そば》の者も心しなければなるまい〉と記した。私はこの一節に、小泉の両陛下への深い情愛を感じる。

私は評伝の聞き書きやエッセイ選の仕事を通して、小泉信三は愛情に敏感な人だったと強く感じている。父の信吉《のぶきち》を六歳で亡くし、福澤諭吉の邸宅に家族で身を寄せた時期があった。父は福澤の門下生でやはり塾長を務めている。福澤も生まれてすぐに父を亡くしたから、幼い小泉を気にかけたのだろう。二人を研究すると、境遇が似ているせいか、愛情に敏感という共通点が見えてくる。

その一方で『共産主義批判の常識』のように、よく考えれば当たり前だが、他人が言えないことを正面からはっきり主張できる人だった。たとえ言論界が一色に塗りつぶされているような状況でも気にしない。「つむじ曲りの説」「孤忠の精神」と題したエッセイもある。この強さも、福澤諭吉から受け継いだのかもしれない。愛情に敏感で優しく、軸がブレない。小泉信三のような〝勇気ある自由人〟がいまこそ必要だろう。

宮本常一

「民俗学は落穂拾いだ」

神崎宣武
民俗学者

生涯にわたり旅を続け、近代化で忘れられていく日本の姿を記した宮本常一《つねいち》（一九〇七～一九八一年）。民俗学者の神崎宣武《のりたけ》氏は、武蔵野美術大学在学中から宮本に師事した。

宮本先生に初めて会ったのは、昭和三十九年。週刊読売の記事を一読、「先生らしくない顔をした面白そうなおじさんだ」と、着任したばかりの研究室を訪ねた。先生は「いいところへ来た」と言わんばかりに喋《しゃべ》りまくり、私が岡山の神主の倅《せがれ》だと聞くと各地方の神主の拝み方の違いを熱弁した。何度か通ううち、「あっちへ行こう」「こっちへ行こう」と連れ出され、終いには「就職なんてやめて、歩け」。成り行き任せの私は先生にすっかり惑わされたのだ。

「咳払いや笑い声以外は全部書け」調査では後ろでひたすらメモを取った。漢字では追いつかないから、全てカタカナでと教わった。

先生は、相手の話すことに従ってひたすら時間を費やす。項目だけ聞き取るような方法には懐疑的だった。

「爺さんたちから話が聞けるのは、軍隊時代の苦労話や自慢話が済んでからだ」「婆さんたちから話を聞くのは、息子の自慢が出た後だ」と。じっくり時間をかけることが難しくなってきた時代だからこそ、私に強く言ったのだろう。

「決して主流になるな。傍流であればこそ状況がわかる」とは、パトロンとして宮本民俗学を支えた渋沢敬三さんの教えだ。実際、生涯のほとんどを肩書きを持たずに過ごした。

私には、「民俗学は落穂拾いだ」「選り好みをするな」「田舎のエリートになるな」「とにかく歩け。歩かなければ本を読め」と繰り返した。

晩年に取り組んだのは、「日本文化の形成」と「海からみた日本」。日本人とはどういう民族か。考古学や文化人類学に広がる壮大な考察は、未完に終わっている。不肖の弟子の手には負えなかったが、残された断片は時代を経て繋がると信じている。

胃がんで二度の入院生活を強いられたが、病室に原稿用紙を持ち込み、旅や執筆への意欲は衰えなかった。

「春まで待て。退院するまで待て！」。先生は最後まで前を向いた。

梅棹忠夫

失明を乗り越えた「知的生産」

東谷暁
ジャーナリスト

文化人類学の先駆者であり、国立民族学博物館の初代館長を務め、政権のブレーンとし

ても活躍した梅棹忠夫（一九二〇～二〇一〇年）。『予言者　梅棹忠夫』（文春新書）の著者・東谷暁《さとし》氏が思い出を綴る。

梅棹忠夫と聞けば、『知的生産の技術』や『文明の生態史観』を思い浮かべるかもしれない。また、冒険が好きな人は、梅棹さんが若いころ断行した登山や探検にあこがれるだろう。しかし、中年期以降の営為の中心は、大阪万国博覧会のブレーンや国立民族学博物館の創設、そして日本の文化行政そのものをリードすることに向けられていた。

梅棹さんが国立民族学博物館の一般公開に漕ぎつけ、博物館の「友の会」を創設し、米国の「ナショナルジオグラフィック」の向こうを張って「季刊民族学」を創刊した直後、私はこの雑誌の編集部で働くようになった。予告なしに梅棹さんが編集部にやって来た時などは、ささやかな酒席となったが、そんなくつろいだ場では、少壮学者時代に有名だった「談論風発」が蘇り、次々と出てくる意表を突く話は実に面白いものだった。ところがある日、興が乗ったころ「自分が本当にしたいことと、しなければならないことが一致する時が来るものや」と言うのを聞いて内心首をかしげた。自らを「知的プレイボーイ」と名付け、好きなことだけをして生きてきた梅棹さんには、どこかそぐわない気がしたし、なにか説教くさく感じた。

いまから考えれば梅棹さんは、このころ、大平正芳政権（一九七八〜八〇年）による「田園都市国家構想」をリードし、京都を中心とした文化行政の一大ネットワークを作り、全国の地方都市を作り変えるという壮大なプランを提示していた。大平も乗り気で「引き金に指がかかっている」と梅棹さんは感じていた。この構想は、大平の急死によって潰《つい》えるのだが、当時、この企てに精力の大半を傾けていたのだろう。

それ以降も、梅棹さんは文化行政プランナーとして多くの構想を提示し続けた。たとえば、大規模な中東研究所の設立のため尽力し、千里ニュータウンを国際文化都市へと変貌させるプランを支援している。こうした文化行政の「ドン」としての役割が終わるのは、八六年、中国で感染したウイルスのため視神経炎をおこして失明したときだった。

すでに季刊民族学編集部をやめて出版社を渡り歩いていた私は、梅棹さんが失明したと聞きかなりのショックを受けた。これまで梅棹さんが営々と「知的生産の技術」によって蓄積してきた膨大な京大カード（梅棹氏開発の情報整理カード）や知識が無に帰してしまうという予感に、やりきれない気持ちになったのである。ところが、国立民族学博物館から漏れてくる話を聞くと、退院後、館長職に復帰すると精力的に仕事を始めたという。梅棹さんは出版社との約束を「筆債」と呼んでいたが、この筆債をすごい勢いで返済しているというのだ。さらには新たに中国語に挑戦しているという噂も聞こえてきた。「本当ならよいが」と思ったのは私だけではなかったろう。

病院での体験は口述して、大阪千里の財界人や知識人による同人誌「千里眼」に連載された。

「それからもわたしの夜はあけなかった。くる日もくる日も夜がつづいた。朝、目がさめても、みえる景色は夜景色だった。……ながい夜だった。ながい夜がつづいた」

やがて、多少の回復がみられたものの、もはや文献を読んだりカードをくったりすることはできないことが分かった。

「突然の視力喪失は、おおきな打撃であった。わたしのように字をよんだり、かいたりの人生をおくってきた人間にとって、目がみえないということは、いきているということの中断を意味するものであった」

運命とは言いたくないと述べているが、運命というしかなかっただろう。この圧倒的な打撃に対して梅棹さんが反撃し始めたのは、それまで営々と続けてきた「知的生産」を再開することによってだった。

本や論文は読んでもらってテープにとった。執筆は口述してワープロで原稿を起こしてもらい、それを読み上げてもらって加筆した。新たに取り組む語学では言語のテープを聞いて専門家に解説してもらい暗唱した。気の遠くなるような営みだったが、次々と単行本を刊行しただけでなく、全二十二巻の『梅棹忠夫著作集』を同じ方法で刊行している。

「一時は、もうこれでなにもできなくなったのだとおもった。しかし、不自由にたえて、わたしはやってみた。たくさんの友人たちのおかげで、わたしはなにかができるようになったのだ。目はみえなくても、みえないなりの知的生産はありえたのであった」

こう語る「みえないなりの知的生産」が「千里眼」に掲載されたとき、私は体が震えるのを覚えた。たんに感動というものではなく、純粋で崇高な行為を目撃した驚きといったほうがよいかもしれない。

梅棹さんは、あと一歩にまで迫っていた巨大な文化行政のネットワーク構築には成功しなかった。しかし、なによりも自分がしたいと望んでいた「知的生産」という行為を再開することによって絶望から脱出し、梅棹さんがすべきだった業績の集大成を完結させることができたのである。

牧野富太郎

植物学の父が蒔いた種

朝井まかて　作家

五十万点もの標本や観察記録を残し、数多の新種の発見や命名などによって「日本の植物学の父」と呼ばれた植物学者・牧野富太郎（一八六二〜一九五七年）。彼の生涯を『ボタニカ』に著《あらわ》した作家の朝井まかて氏がその〝物狂い〟ぶりをつづる。

幼い胸に抱いた〝好き〟を生涯貫いた、大きな才能だった。

自然児が大きくなったようなものだから、立身出世や金は生きる目的にならない。研究に必要なものは古書から洋書、稀覯書《きこうしょ》まで、値を気にせず買い集める。なにしろ土佐のいごっそう、青年時代から世界を見ていた。由緒ある素封家《そほうか》であった実家の身上《しんしょう》は潰《つぶ》れ、大借金生活に突入した。

妻子は大変だ。家計は常に火の車、子供が遠足に行けない。お弁当を作る米がなかった。

本人はハイカラな洋装に蝶ネクタイ、珈琲が好きで豆を挽《ひ》いて客に振る舞うが台所には砂糖がなかった。五十四歳の大正五年には借金三万円になったという。

勤める大学内でも騒動が絶えなかった。序列など気にせず研究成果を発表する、教授の論文でも平気で誤りを指摘する、教室の資料を返さない。傍若無人《ぼうじゃくぶじん》だ。

それでも彼が潰されなかったのは、当時の社会にはいわば〝物狂い〟の学者を受け容れる懐の深さがあったのだろう。夢を託したのかもしれない。己が信じることにのみ誠実で、百年後役に立つか立たぬかわからないことに夢中になる。そんな生き方をどうかして貫いてくれ、と。

富太郎はやがて理学博士の学位を受け、命名した植物は二千五百超、作成した標本は四十万にも上った。

植物学を民衆に広く開いた功績も大きい。同好の士を集めて植物採集を行ない、『牧野日本植物図鑑』を刊行し、高校生とも親しく交わった。珍しい植物を差し出されると即座に名を答え、「○○県の○山のふもと、○○道を西に折れた水際に生えとる。固有種だね」と目を細めた。

大愉快の笑顔は日本人の記憶に残った。そして今もなお植物図鑑を愛用し、花や草木、郷土の風景を愛する人々がいる。後世に芽吹く、多くの種を蒔いた人だと思う。

白川静

頁をめくると、そこに答えが書いてある

宮城谷昌光　作家

甲骨文の精緻な読解をもとに新しい漢字解釈の学説を打ち立てた白川静（一九一〇〜二〇〇六年）。中国歴史小説の書き手として名高い宮城谷昌光氏は、「白川文字学」に天地がひっくりかえるほどの衝撃を受けた。

白川先生の著作とめぐりあうまでの私は、いわば暗い荒野を歩く旅人でした。小説における一つ一つの描写に、最も相応しい漢字の表記は何か。「会う」か「逢う」か、あるいは「遭う」か。漢字には、語源を辿るとそれぞれに細かなニュアンスの違いがあります。しかし、当時の語源辞典を読んでも、使い方は判然としない。考えるたびに闇は深まり、私を苦しめていました。

そんな私の無明長夜に、曙日のように光が差し込んできた。それが白川説でした。漢字の起源である甲骨文字は、古代中国の王が受けた神託を亀の甲羅に刻み込んだもの。白川先生は、これを独自に読み解き、呪術的な古代世界を色彩豊かに描きます。例えば「道」。古代の中国の民は、異民族の「首」をひきずって歩き、呪力をもって敵軍の侵入を防いでいた。「道」という文字は、このことを表しているというのです。

昭和五十九年、先生は長年の研究成果をもとに、字源辞書『字統』を編纂《へんさん》。ここには、実に七千もの漢字について、従来の説と白川先生の解釈が丁寧に記されています。これさえあれば、もう悩むことはありません。頁をめくると、そこに答えが書いてあるのですから。

雑誌の対談企画で京都の先生のご自宅に伺ったときには、階段の下に『字通』のゲラが山のように積んでありました。先生はそれを指して一言、「ゲラが出るのが遅くて、待ち時間で万葉集についての執筆が終わったよ」。見た目はいかついけれど、面白くて優しさに満ちた先生でしたね。帰りには雨が降っていて、阪急電車の最寄り駅まで傘をさして送っていただきました。

今では、本やテレビで見かける漢字の語源解説のほとんどが白川説です。日本語の要素はひらがなと漢字。白川先生の業績で、その一方の認識が根底から匡《ただ》されたのです。

第7章

極上の娯楽を与えてくれた人々

高峰秀子

「人の時間を奪うことは罪悪です」

斎藤明美
養女・文筆家

女優として小津安二郎、木下恵介、成瀬巳喜男《みきお》ら名監督の作品に数多く出演する一方、エッセイストとしても多くの著書を残した高峰秀子（一九二四～二〇一〇年）。晩年まで貫いたその哲学を、養女の斎藤明美氏が綴る。

高峰は、怖い人だと言われていた。
「ダメです」「イヤです」「お断りします」
原稿依頼はこの三言で断った。
長年付き合った編集者が会ってほしいと言っても、断った。
仕事をしないのだから、話すことがない。従って会う必要はない。
極めて合理的かつ理にかなっている。

だが人は、「ちょっとお茶を飲むくらい……」と思う。

「ちょっとお茶でも」

高峰が何より嫌った行為である。

「この頃はいいお天気ですね」「寒くなりましたねぇ」、こんな台詞《せりふ》を高峰が電話で吐いたのを聞いたことがない。

用件のみ。

ぶっきらぼう、けんもほろろ、話の接《つ》ぎ穂《ほ》がない。そう感じる人は、高峰を「怖い」「冷たい」「高慢」と思ったかもしれない。

私は幸か不幸か、そう思ったことはないが、一時、別のことを思ったことはある。

この人は、人とのコミュニケーションの上で何か問題があるのじゃないか。

相手が誤解しても正そうともしない。もっと言えば、人にどう思われたってかまわない。

そんな一方通行的、遮断性があったからだ。

ある時、高峰がポツリと言った、

「安野（光雅）先生、お元気かしら……」

「電話してみれば？」

私は言った。

「いいえ」

きっぱりと、高峰は応《こた》えた。

「どうして？『お元気ですか？』って、ちょっと電話してみればいいじゃない」

すると、高峰が、

「安野先生みたいなお忙しい方に電話なんかしちゃいけません」

「でも、かあちゃんからの電話なら、先生喜ぶと思うけど……」

私はなおも自分の意見を言った。

だが、次に高峰が言ったひと言。

「人の時間を奪うことは罪悪です」

一瞬、頬を打たれた思いがした。

そして私は黙った。

自己弁護でなく、私の意見は間違いではない。私でなくても、高峰の安野画伯への日頃の敬愛や画伯が持つ高峰への好意を知っている者なら、同じことを言っただろう。

だが、それは凡愚というものだった。

〝普通は〟〝一般的には〟。私は多くの人間がそうであるように、その中で生きていることを知り、高峰はそれらに捉われることなく、自身の据えた基準値の中で生きている。そのことを明確に感じた瞬間だった。

安野画伯に限らず、藤田嗣治《つぐはる》、谷崎潤一郎、梅原龍三郎、大宅壮一、司馬遼太郎……。今は亡きこれら重鎮たちを、高峰は自著の中で、時に「アンノー」「ヘチャプリ」「ライオン」「救急車」……と表している。

旅先でいざスケッチしようと思ったら絵具を旅館に忘れてきていた安野画伯。みどり夫人と新幹線に乗った時、トイレから戻ってこないからどうしたのかと探しに行くと、誰だか知らない人の席で置いてあった弁当をパクパク食べていた司馬氏。パリに来るならぬれ甘納豆をと言われ持参したが、ホテルで開けてみると一面にうっすらと青かびが広がっていたので、高峰は甘納豆を新聞紙の上に広げるとザッザッとばかりゆすり、何事もなかったように渡したら、「美味い、美味い」と大喜びで食べたレオナルド藤田……。

そんなエピソードも書いている。

何と失礼な、人は思うかもしれない。

事実、ある読者から私に来た手紙に「私は高峰さんが好きではなかった。『私の梅原龍三郎』を読んで、自慢げに思えた。でもあなたが書いた高峰さんを読んで、考えが変わった」と。

高峰は、人が「失礼」「傲慢」と思うほどのユーモアを交えて、彼らとの思い出を書いた。

だが、それほど尊敬し愛していた彼らに、自分のほうから電話をかけたことは一度もない。

手紙でさえ、よほどの用件がない限り、自分からは書かなかった。

「私なんか犬や猫みたいな、さわらない存在だったから、付き合ってくださったんだと思う」

そう高峰が言ったことがある。

「深い穴の底でじっとしていたい」

「煙のようになって消えていきたい」

終生、高峰が望んだことである。

だが、高峰はこうも言った、

「亀の子束子《だわし》一つ、私が気に入らないものはこの家には何一つありませんッ」

彼らは知っていたのではないか。

誰よりも確固たる自分を持ち、しかし他者に対して決して〝私〟を押し出さない。

もしも高峰が言うように、彼らが高峰の上に「犬や猫」を見たとしたら、それは犬や猫が持つ、命を保つことだけを第一義とする、私欲のない清々《すがすが》しさではなかったか。

「今が一番幸せ」

自分の時間を奪われることもよしとしなかった高峰の、あの老いた笑顔を、私は今も忘れることができない。

森繁久彌

「人生はピンとキリだけ知っておけばいい」

次男　森繁建

俳優の森繁久彌（一九一三～二〇〇九年）は映画、舞台、歌に作詞作曲、文筆まで多彩な業績を残し、文化勲章や国民栄誉賞を授与された。次男の建《たつる》氏が、父から教えられた

「ピンキリの哲学」を語る。

友達の小遣いが千円だった頃、僕は五百円でした。

「父親の仕事が派手だから、あなたが使う千円は二千円に見えるから」

と、お袋が言うのです。耳にタコができるほど言われたのは、

「あなたは森繁久彌の息子ではありません。あなたの父親が、たまたま森繁久彌だったのです。黙っていても周りがよくしてくれるのは、あなたに対してではないのよ」

それは、勘違いしてはいけないという戒めであり、僕の人生は僕が主役だと自覚させるためでした。子育てにおいて親父は戦略を練《ね》り、母は戦術を担当していたようです。

忙しくてほとんど家にいない親父だったのに、記憶は鮮明です。一緒に過ごす時間が濃密で余韻を引くので、印象として切れ目がないんです。

「いいか建。人生はな、ピンとキリだけ知っておけばいい。真ん中は、普通に生きていれば嫌というほど味わえる」

大学生だった僕に、親父は灘《なだ》の銘酒を注いで、そう言いました。

「酒だけじゃない。仕事でも人間関係でも、ピンとキリを知っておけば、自然と真ん中も

知るようになってくるものだ」

高い酒を飲める人間になれ、というのではありません。ナイフやフォークが何本も並ぶ高級料理だろうと臆せず、屋台のおでんも美味しく味わえる人間であれ、と言ったのです。

それは分け隔てをするなという教えでもあって、親父自身が実践していました。たとえば我が家に、小林桂樹《けいじゅ》さんや山茶花究《さざんかきゅう》さんといった俳優仲間が遊びに来るとき、若いお弟子さんがついてきます。父はいつも、その人たちがいる広間にお酒や食べ物が足りているか、自分で目を配っていました。

相手の立場に立つことを、常に忘れなかったんですね。『屋根の上のヴァイオリン弾き』がロングランを続けていたとき、

「お客さんが一万円のチケットを買って観に来て下さるなら、こっちは二万円の芝居をしなきゃいけない」

と言ったことがあります。

「帝国劇場のS席で芝居を観るなら、前の日にパーマ屋へ行くだろう。開演前に東京会館でお茶を飲むかもしれないし、幕間《まくあい》に三千円のお弁当を奮発するかもしれないからな」

という説明でした。

僕は「なぜ俳優にならなかったのか」と訊かれると、「父が三船敏郎さんや高倉健さんだったら、目指していたかもしれません」と冗談半分で答えています。十代の頃、親父の映画は「社長シリーズ」や「駅前シリーズ」が流行《はや》っていて、眼鏡にチョビ髭のいやらしい顔で淡路恵子さんや新珠三千代さんのお尻を触っているイメージでした。正直、嫌だったんです（笑）。

その前に出た『夫婦善哉《めおとぜんざい》』（一九五五年）が高い評価を受けたので、シリアスな文芸路線に絞ることもできたのでしょうが、親父はそうしませんでした。いろいろな映画を見たいお客さんのために、自分の都合で仕事の分け隔てはしなかったのです。

この歳になって「社長シリーズ」を観直すと、本当に面白いと思います。宴会の場面で三木のり平さんと真剣な顔で裸踊りをしている意味が、今になるとよくわかりますよ。

美空ひばり

私が歌う『真赤な太陽』に笑い転げた

岸本加世子　女優

一九八九年に五十二歳で他界した昭和の大スター、美空ひばり（一九三七～一九八九年）。最晩年を姉妹のように過ごした女優の岸本加世子氏が、今も色褪せない思い出を語った。

ひばりさんの三十三回忌に、インスタで昔の写真を投稿しました。田村正和さんとのドラマ「ニューヨーク恋物語」の撮影スタジオに、ひばりさんが差し入れに来てくださった時の一枚です。この頃は闘病中で、家に籠もっていてはダメだとスタジオまで来てくださったのです。

ひばりさんからは実妹のように可愛がっていただきました。「〝ねえちゃん〟って呼んで」と言っていただき、筆まめなひばりさんから届くお手紙にもいつも「ねえちゃんより」と書き添えられていました。

体調のよい日に「ディズニーランドに行こう」と誘われ、ご一緒したこともあります。またカラオケもお好きで、お店で持ち歌を披露することもありました。私が『真赤な太陽』を歌った時、涙を流して笑い転げながら「もし私に何かあったら、加世子が私の役をやるのよ。だってあんたは歌が〝うまい〟から」とひばり流ジョークを言われたものです。

ひばりさんが亡くなったあと「美空ひばり物語」のご依頼がありました。「私なんかができるわけない」と躊躇《ちゅうちょ》しましたが「加世ちゃん、おふくろが喜ぶから演《や》ってやってくれ」という息子のかーくんの言葉に背中を押され、お受けしました。

ひばりさんは凛とした強さと、少女のような純真さ、かわいらしさを併せ持った方でした。そして、一生懸命に生きる人が好きで、「どんな世界もうまい下手ではなく、努力や練習を見ている人が絶対にいる」というのが口癖でした。

亡くなる前年の年末年始に、家族として熱海の旅館で誕生日を祝っていただいた思い出は私の宝物です。隣の布団で紅白歌合戦を見て、除夜の鐘を聞きました。ひばりさんは「絶対に病気に負けない」という強い意思を持っていました。私の目をまっすぐ見て「加世子、元気でずっと側にいてね」と言ってくれたお顔を、私は今も時々思い出します。

石原裕次郎
日本中から愛された男の宿命

石原良純
甥・俳優

昭和の大スター石原裕次郎（一九三四〜一九八七年）は五十二歳の若さで逝った。甥の石原良純氏は、晩年の裕次郎から〝男の生き様〟を学んだという。

太陽のように輝き、朗《ほが》らかに笑い、豪胆に酒を飲む――。

皆がイメージするこんな「裕ちゃん」を僕は見ていません。甥と叔父という関係よりも、僕が入った石原プロの社長と言った方がしっくりきます。そして、僕が見た石原裕次郎の姿は、いつも何かに耐えているような、どこか影のある印象でした。

社長が晩年、病気療養のためにハワイの別荘に滞在しているとき、家族を代表してお見舞いに行ったことがあります。太陽が燦燦《さんさん》と照り付けるワイアラエのビーチに佇《たたず》むコテージ。そのプールサイドからは長い砂浜が見えるのですが、真っ黒に日焼けした石原裕次郎は、そこで一日中何もせずに座っていました。
やがて自分に死をもたらすであろう病を抱え、じっと耐えている時間。言葉をかけることもできず、僕はただそれを見ているだけでした。

当時二十代半ばだった僕には、石原裕次郎という存在が分かっていなかった。ただ、あれから三十年以上経った今になって思います。あのときの叔父の姿は僕に、「揺らがないことが大事だ」という男の生き様を教えてくれたのだと。「嫌だな」とか「どうしよう」といった心の揺らぎは何も感じさせませんでした。

石原裕次郎は、一億人の夢を抱えてしまった人間でした。戦後から高度経済成長期に突入する時代の流れの中で、国民みんなが裕次郎を愛し、ともに歩んできました。映画やテレビに映る裕次郎が、知らない世界に連れて行ってくれる気がした。一緒に映画を作った人、渡哲也さんのように右腕として傍にいた人もそうです。「裕次郎なら自分ができないことをやってのけてくれる」と信じて、彼に夢を託したのです。

そんな人間は、自分が夢であり続けなければいけないことを分かっている。だから、その夢を壊さないようにブレないし動じない。それが日本中から愛された男の宿命でもあったのでしょう。

勝新太郎
「破天荒」を死ぬまで貫いた

中村玉緒
妻・女優

昭和を彩った大スターの一人、勝新太郎（一九三一〜一九九七年）。俳優業のみならず、歌手、映画監督までこなした才人だった。破天荒な人生の伴侶、中村玉緒氏にとっては「最愛の男」であり続けている。

亡くなってもうすぐ二十五年（記事初出の二〇二二年一月当時）になるんです。夫のことでは、忘れられないことは多すぎます。

何からお話ししてええのか迷いましたけど、私と彼の最初で最後の共演になった舞台について聞いて頂きましょう。

亡くなる前の年、平成八年の五月に『夫婦善哉』を演《や》ることになったんです。もう、勝は下咽頭癌を患ってることを知っていて、舞台より映画を撮りたがってたんです。彼が製作した『無宿《やどなし》』で共演した（高倉）健さんを主役に据えた企画でした。打ち合わせのために会おうとしてましたけど、スケジュールの折り合いがつかないままだったようです。

それで舞台をやろうってなりまして、夫が演出も兼ねて主人公の維康《これやす》柳吉、私が蝶子という配役でした。ほんまの夫婦が夫婦を演じる。「これはおもろいやないか」って。

女優である私としては、尊敬する演出家で俳優の勝新太郎と共演出来るのが心から嬉しかったんです。

いよいよ台本も出来て、他の役者さんも決まったので稽古が始まりました。そうしたら突然、あの人、役者さんみんなに向かって、「台本の台詞を捨てろ！」って。

皆さん、台詞を頭に入れてはるでしょう？　だから顔色が真っ青になってました。

勝としては書かれた台詞がイキイキ聞こえない、それが不満だったんでしょうね。彼が口立てで語った台詞をカセットに録《と》って、それを私や演者が頭に入れることになったんです。私は台詞をきっちり頭に入れておきたいタイプなんで大変な苦労のし通しでした！

本番を迎えたら、また稽古と違う演出をやりましたよ。芝居の結末、普通より早くパーッと緞帳《どんちょう》を下ろすなんてことも。お客さんはびっくり仰天。

とにかく生涯、大向うを驚かせて楽しませたいという人でした。

翌六月は一カ月の地方公演に回りましたけど、私はいつ夫が倒れても看病できるように着物とか準備して行きました。それでもね、勝はお酒も口にするし、プカプカ煙草を吹かしよるんですよ！　私らから「やめなさい」と注意されても、どこ吹く風。「だめなんだよなァ」とボヤくだけ。

これも周りの目を意識した彼流のサービスなんですよ。「破天荒な勝新太郎」を私生活でも、死ぬまで貫いて演出してたんやと思います。

公演が終わって丸一年してから夫は亡くなりました。はじめは寂しかった。あれだけ賑やかな夫がおらんようになったんだから仕方ありません。

でも、彼を慕う人に励まされていくうちに元気をもらいました。画家のバルテュスさん、演技のことで愛弟子みたいに可愛がってた松平健さん、皆さんよくしてくれました。先に亡くなった石原裕次郎さんとは、妻の私が妬《や》けるくらい仲が良かった。つくづく、あの人は愛されるひとやったんです。

これは町の人かて同じです。ある時なんかタクシーに乗ったら、「勝さんにようしてもろうてましたんでお代は頂けません」と運転手さんに言われたり。食べ物屋に行ってもお勘定を断られたりします。なんかまだ、あの人が生きてるような気にさせられたりして。

だから今でも家に勝の大きな写真を飾って、外出する時には小さい写真を身につけるようにしてます。

男として、俳優として、演出家として勝新太郎を愛し続けてます。

私が死ぬまで、いや、あの世に召されても、あの人の妻やったってことを誇りにしようと誓ってます。

お陰様で今も私は元気にさせてもらってますけど、最近は「ええ夢しか見ない」と決めて床に入るんですよ。今夜は勝と楽しくどこぞで遊ぶ夢でも見よう思います。

樹木希林

私に死にゆく姿も全部見せてくれた

浅田美代子
女優

浅田美代子氏は、十六歳の時に受けたドラマ「時間ですよ」のオーディションで、樹木希林（一九四三〜二〇一八年）と初めて知り合った。以来、四十年以上に亘り親子、姉妹、親友のような関係を続けてきた。

希林さんの最初の印象は怖そうだし面倒くさそうな人。でも、それ以上に面白そうな人だな、って思いましたね。当時のテレビドラマは週五日間かけて撮っていましたから、家族よりも共演者といる時間が長かったんです。自然と希林さんとの距離も近くなり、撮影前に誘われて、赤坂のホテルで朝からビュッフェで食事したりしましたね。

次の「寺内貫太郎一家」でも希林さんと共演することになって、デビューから三年間はずっと一緒でした。二十一歳で、私が歌手の吉田拓郎さんと結婚する時には両親から大反対を受けたのですが、最後は希林さんが私の家に来て直接母に「結婚は本人の自由ですから」って説得をしてくれたんです。「専業主婦をやれたら何でもできるよ」って、結婚を機に芸能界を引退することに悩んでいた私の背中を押してくれました。結婚後は私に芸能界を思い出させまいと気を使ってくれたのか、約七年間は私をご飯に誘いませんでしたね。

希林さんとの親交が以前にも増して深まったのは私の離婚後。「あぁ、やっぱり戻ってきたのね」って（笑）。それからは二人で海外旅行に行ったり、四季折々の美味しいものを食べたり、ワイドショーに出ている整形してそうな芸能人を見て「あの子、やったわね」って言い合ったり（笑）。本当に気の置けない間柄でした。

亡くなる最後の一カ月は毎日のように希林さんのお見舞いに行きました。体中に刺さった管を抜管するためにお医者さんが私に席を外すように促しても、「この子も役者の端くれなんですから全部見せてあげてください」って言って死にゆく姿も全部見せてくれましたね……。今でも何か悩むと、「希林さんなら何て言うかな」っていちいち思い出しちゃうんです。ワクチン接種にしても小室眞子さんの結婚にしても、希林さんがいたら一緒に話せたんですけどね。

渥美清

会いたいな、寅さんに

山田洋次
映画監督

『男はつらいよ』シリーズで主人公の車寅次郎を演じ続けた渥美清（一九二八〜一九九六年）。監督の山田洋次氏が〝寅さん〟の素顔を語る。

僕の人生で、渥美さんという天才的な役者と巡りあえたことはものすごい幸運でした。二人が出会えたことで〝寅さん〟が誕生したんだから。

渥美さんは、若い頃に肺結核で右肺を全摘するというハンディキャップを背負っていたせいか、弱い立場の人々に温かかった。寅さんが誰からも好かれるのは、そんな渥美さんの人間性によるんじゃないかな。

「どこへ行っても〝寅さん〟と役名で呼ばれるのが役者の理想です」と聞いた時は嬉しかったね。公の場ではいつも寅さんの服を着て、寅さんとして話し、笑っていました。

亡くなる三年くらい前に余命を知っていて、ご家族に「お父さんの寅さんはあと二〜三本でおしまいになるよ」と話していたそうです。遺作となった第四十八作『男はつらいよ寅次郎紅の花』の撮影前、「監督にお願いがあります。返す体力がないので、スタッフに私に挨拶をしないよう頼んでほしい」と言われました。「不愉快な思いをさせるのが申し訳ない」。そう言ってたな。

神戸市長田区でのロケでは、「震災で亡くなった方が見える。声が聞こえるんだよ」と悲愴な顔つきで、思わず「もっと明るい顔をしてくれ」と頼んだほど。結局そのシーンでの「皆様、本当にご苦労様でした」という言葉が、俳優・渥美清の最後の台詞となりました。

最後に会ったのは亡くなる二ヶ月前。「電車の切符の買い方が変わっていて困った。俺を見捨てて世の中がどんどん変わっていく」と寂しそうでした。今でもよく寅の物語を考えます。「マスク？　そんなものするか」と言いつつキレイな店員のお姉さんが現れた途端、「私の四角い顔に似合うのはありますか？」なんて聞くんだろうね。会いたいな、寅さんに。

杉村春子

「女優は岡惚れしてなきゃいけません」

奈良岡朋子
女優

映画に舞台、テレビと幅広く活躍した日本を代表する女優・杉村春子（一九〇六〜一九九七年）。「女優として一番教えていただいたのは杉村先生」という奈良岡朋子氏（二〇二三年に死去）が、思い出を語る。

杉村先生は文学座、私は劇団民藝と別の劇団でありながら、文学座の方たちに申し訳ないと思うくらい手取り足取り教えていただきました。

きっかけは一九六五年の訪中日本新劇団での七〇日間の旅公演でした。文学座の公演時に先生の付き人をさせていただいたことで、心に留めていただいたようです。

以来、私の出演する舞台を必ず観に来てくださるようになりました。幕が下りると、決まって杉村先生のファンの方が営む六本木の中華料理店へ。広いお部屋で食事をしながら三時間でも四時間でも二人だけで夜が更けるまでお話ししたものです。私が先生の舞台を観に行っても同様で、先生が出ずっぱりの役の時などは「お疲れでしょう」とご遠慮しても、「大丈夫、大丈夫、ごはん食べに行きましょう！」と。

いただいたアドバイスは枚挙に暇がありません。着物の着付から立ち居振る舞い、椅子に腰かけた時の足の置き方、帯締め一つに至るまで。ある舞台で私の衣装の裾よけを見て

「あれは色気がない。この色の方が照明に映《は》えますよ」と教えてくださり、翌日ご自分の裾よけを届けてくださったこともありました。

いつしか誰にも言えないような芝居や劇団の悩み事も、相談できる間柄になりました。先生が八〇歳になられる頃、ふと「先生、今でも恋してらっしゃる？」とお尋ねしたことがあります。

「あなた、いやね。いまさらそんなこと、してません。だって面倒くさいもの」と答えるしぐさが、とても色っぽかった。続けて「でも、女優は岡惚れしてなきゃいけません」とおっしゃる。男性を見たら「ちょっと様子のいい男だな」とか密《ひそ》かに気持ちを動かすことが大事、ということでしょうか。九一歳で亡くなられるまでみずみずしい心をお持ちで、最後まで女優であり続けた方でした。

高倉健「千葉、女は怖いぞ〜」

千葉真一　俳優

『八甲田山』『駅　STATION』『鉄道員《ぽっぽや》』などで日本映画史に残る名優、高倉健（一九三一〜二〇一四年）。東映ニューフェイスの後輩の千葉真一氏（二〇二一年に死去）が生前、記者の取材に知られざる交流秘話を明かしていた。

「千葉。それはな、しょうがねえんだ。あきらめちまえ」

僕は人間ができてないですから、たまに愚痴を言うことがあるでしょ。長々と僕がしゃべっているときに健さんは腕組みをしながらじっと黙って聞いて、しばらく間があった後、そう言葉をかけてくれるんです。

余計な言葉はいわなくても、短い言葉に強烈な説得力がある。健さんがしょうがねえって言うなら、それはそうだなと。それだけでもう不満は忘れて、ケロッといい気分で仕事ができるようになるんだから不思議なものです。

若い頃に付き人や運転手をして、大変かわいがっていただきました。今も足元にも及びませんが、僕は憧れの健さんに一歩でも近づきたくて、ずっと努力を重ねてきたつもりです。

光栄なことに、六六年に公開された僕の主演映画『カミカゼ野郎　真昼の決斗』（監督・深作欣二）に友情出演してくださいました。当時の僕は二十六の若造。主演以外はやらなかった健さんに、おそるおそる出演をお願いすると「お前が言うなら出てやるよ」と二つ返事で受けてくれたんです。

撮影が行われた台湾で健さんが好きな中華料理のレストランに行った時のこと。「適当に頼むぞ」って言うから、健さんに注文をお任せしたら、見たこともない料理が次々に運ばれてくる。うまいうまいとかぶりついていたら、健さんが「それフロッグだぞ」と（笑）。生まれてはじめて食べたカエルの味は今も忘れられません。

僕がハリウッドに進出したのも健さんのおかげです。健さんに言われたことは「千葉、役者は世界で何本か撮って、それではじめて一人前だ」。七〇年代に『燃える戦場』や『ザ・ヤクザ』でハリウッド映画に出ていた健さんは、すでに「世界の高倉」でした。

『ザ・ヤクザ』で共演したロバート・ミッチャムのロスの自宅に連れて行ってくれて、ミッチャムに僕をこう紹介してくれました。

「これから俺もハリウッドに行きますけど、こいつも絶対に行きますから、よろしくお願いします」

　この後押しがなかったら、僕はハリウッドに行っていません。

　実は一度だけ、〝合コン〟に誘われたことがあったんです。健さんが利用していたパンナム（パンアメリカン航空）のキャビンアテンダントに僕の大ファンがいて「一緒に飯食うから来いよ」と言われ、すぐに駆けつけました。

　後にも先にもあんなにはしゃいだ健さんの姿は見たことがない。女の子に向かって「おい、千葉を連れてきたぞ。連れてきたんだから何かいいことあるんだろうな。何がいいことか知らないけどな（笑）」と。四、五人の美女に囲まれて、健さんは終始、上機嫌でした。僕と健さんと彼女たちしか知らない秘密ですが、今思い返しても楽しい夜だったなあ。

「女には気をつけろよ」とも言われましたが、僕はよほど、遊び人だと思われていたのかな（笑）。一度だけ、健さんに「女遊びはしないんですか？」って聞いたことがあったんです。そしたら健さんは「女？　千葉、女は怖いぞ〜」って。

人を驚かせるのが大好きな人で、ある日突然、ゴールドのブレスレットをいただいたときのこと。裏側を見ると、僕の名前と血液型が彫ってあり、よく見ると我が家の家紋が彫ってある。不思議に思って「健さん、なんでうちの家紋が分かったのですか？」と聞くと、「千葉、俺は日本一のスパイだぞ。俺に隠しごとはできないな」と笑っていらした。

一番の宝物は健さんからいただいた何通ものお手紙です。九四年に僕が離婚した時のこと。健さんも江利チエミさんと離婚していますから、僕が「右へならいました」と報告すると、「バカ、そんなこと真似するな」って怒られました。でも落ち込んでいた僕にこんな手紙をくださったんです。

〈人生には人それぞれに神から与えられたハードルがある。高いハードルや難しいハードルもあるが飛び越すことを喜びに変えてしまえば今の苦しみは苦にならない。しんどかった。でも面白かったね！　と、後から話せる人生を送ろうよ〉

感激で涙があふれ、何度読み返したかわかりません。ついにはそらんじるまでになり、人の結婚式で挨拶するときも必ず引用するようになった。僕の心の中には健さんの言葉がいつまでも色鮮やかに輝き続けています。

（取材・構成　鈴木竜太）

坂本九
遠い異国でこの曲に出会うたびに

黒柳徹子
タレント

日航機墜落事故で突然この世を去った坂本九（一九四一～一九八五年）。親交の深かった黒柳徹子氏が涙を浮かべて思い出す、大ヒット曲『上を向いて歩こう』と家族のような仲間たち。

私のことを「てっこちゃん」なんて呼んでくれるのは、九ちゃんだけでした。そんな人懐っこい彼と初めて会ったのは、ＮＨＫのドラマ「若い季節」（一九六一～一九六四年）。二代目・水谷八重子さんや横山道代さん、私の三人が勤める化粧品会社が舞台となったコメディードラマに、給仕役の九ちゃんが洋楽を歌いながらパッと入ってきたシーンが今も印象に残っています。

とにかく出演者が多くて、渥美清さんやクレイジーキャッツ、エノケンさん（榎本健一）まで出ている賑やかなドラマでしたが、九ちゃんはあの笑顔ですぐにみんなと馴染み、私とも友達になりました。

『上を向いて歩こう』は、私も出演していた「夢であいましょう」がテレビ初披露です。作詞の永六輔さん、作曲の中村八大《はちだい》さん、そして九ちゃんと、「六八九トリオ」のデビュー作でもありますが、実は当時、この曲が特別、大ヒットするとは思っていませんでした。

「全米ビルボード一位」と聞いても、みんなどれだけ凄いことかわからなかったのです。九ちゃんがアメリカから帰ってきて、向こうで曲が大流行しているという話を聞かされたときも、「ふーん」と軽く聞き流していたほど。

「夢であいましょう」の頃から初詣は、私、永さん、渥美さん、八ちゃん、それに九ちゃんと、毎年のように赤坂の豊川稲荷へ行っていました。誰かが、「ここは水物の神様で、俺たちの仕事は水物だから」と、お賽銭はひとり千円ずつ。当時の千円は大金でしたが、永さんが、「昨年、前田武彦さんは二千円出したから仕事がたくさん入るようになった」と言うと、「二千円は嫌だな」とか、そんな会話をしたのが懐かしいです。

　私たちはＮＨＫに出ていたので名前は売れていましたが、なかなか収入がついてきませんでした。みんなでご飯を食べに行くと、エビを頼んで私が「一人二匹ずつ」なんて数えたりして。すると渥美さんが、「いつか数えなくても食わせてやれるように、俺が稼いでやるから」と言ってくれた。本当に家族のような仲間たちでした。

　九ちゃんが亡くなったことをニュースで知った後は、あまりにもショックで、仲間たちとどんな話をしたかさえ、今も思い出すことができません。具体的に話そうとすれば、いろんなことを想像しなくてはならないのも辛かった。

『上を向いて歩こう』がどれだけみんなに愛されている曲だったかは、九ちゃんが亡くなった後になって、つくづく実感することになります。

　ユニセフの活動で海外に行くと、楽器もないような国でさえ、みんなこの曲を知っていた。アフリカの孤児院のように、ラジオのないような場所でも子供たちが口ずさむ。内戦終結直後のカンボジアの小さな店でも、私が日本人だとわかると、三人くらいのバンドがこの曲を演奏してくれる。九ちゃんも八ちゃんもいなくなってしまいましたが、遠い異国でこの曲に出会うたびに、涙が溢れ出ていきました。私は空を見上げながら声をかけます。

「九ちゃん、八ちゃん、よかったね」

　奥様の柏木由紀子さんとは、九ちゃんが亡くなってからだいぶ後に、こんなこともありました。私が森光子さんたちとハワイに行くことになり、柏木さんに声を掛けると、「家族で行っていた大好きな場所なので、母が亡くなってから悲しくて行けなくなってしまって」と残念そうにしていました。ところが、私と森さんがハワイの小さな店でスカーフを買っていたら、柏木さんが店に入ってきたのです。私たちがこの店に居ることを知るはずもない彼女の姿に驚くと、「いつまでもハワイに行かずにいるのもよくないと思って」と言うのです。ふと前を通りかかったら、私の声が聞こえたそうです。観光客があまり行かない、パッとしない一角で。すごい偶然でした。彼女とは今も、「あれは九ちゃんが上で見ていて、赤い糸で引き合わせてくれたのよね」と話をします。

　実は毎年、柏木さんとは初詣に行っています。今は時が経って九ちゃんの思い出話もしますが、以前は黙って一緒に出かけていました。当時小学生だった二人の娘さんも今は立派なお母さん。みんなで初詣に行く姿を、きっと九ちゃんは喜んで見守ってくれていると思います。

八千草薫
高校時代からの憧れの人

石坂浩二
俳優

『宮本武蔵』「岸辺のアルバム」をはじめ、映画、ドラマ、舞台と幅広く活躍した女優の八千草薫（一九三一～二〇一九年）。人気ドラマ「やすらぎの郷《さと》」で共演した石坂浩二氏の忘れられない思い出とは。

八千草薫さんと言えば、我々の世代にとって大スター。高校生の頃、あの清楚で可憐な雰囲気にクラスの皆で夢中になりました。

初共演はテレビドラマ「女の言い分」（一九九四年）でしたが、僕はなんと、八千草さんの夫役。同窓会で「なんでお前が!?」と袋叩きにあいましたよ（苦笑）。

特に密な時間を過ごしたのは「やすらぎの郷」（二〇一七年）でした。八千草さんが演じたのは、戦前から活躍する映画女優・九条摂子。皆から「姫」と呼ばれる存在です。

撮影現場では学ぶことが多かった。普通は台詞が出てこないと、すぐに謝って中断しますが、八千草さんは役を続けながらなんとか思い出そうとされます。だから少し間が空くと、「ん？　今思い出そうとされているな」と感じることも。モチベーションを絶対に崩そうとされないんですね。みんな触発されて、現場は真剣な空気が漂っていました。

最も記憶に残っているのは、二人で手をつないで夜道を歩く場面です。当日はロケが押して、海岸近くで待ちぼうけが続いた。春先でしたが、海風が強くて凍えそうになるくらい。だけど、いざ現場に現れた八千草さんは「さあ、やりましょう！」と元気よく一言。その明るい表情を見て一気に心がほぐれました。手をつないだのは、後にも先にもあの一回。「寒い思いをさせてはいけない」と本番まで一生懸命手を擦っていたのですが、八千草さんのほうが冷たかったので安心しました（笑）。

「やすらぎの郷」はグループ劇でしたが、八千草さんは浮世離れしているというか、周りから少し浮いていて、まさに〝姫〟そのものでした。撮影で向き合っていると、高校生の時に憧れていた八千草さんの姿がふっと重なることもあった。生涯変わらない純粋さを持ち続けた人だったと思います。

平尾誠二
盟友と最後に交わした会話

大八木淳史
元ラグビー日本代表

平尾誠二（一九六三〜二〇一六年）は、日本代表としてW杯に三度出場、後に監督にも就任、「ミスター・ラグビー」と呼ばれた。高校から同じチームで汗を流した大八木淳史《あつし》氏が語る。

二〇一六年一〇月二〇日に、高校、大学、そして社会人の後輩である平尾誠二の訃報に接した時、私は平尾という存在がいなくなった実感がまるでありませんでした。

ところが、二〇一七年秋になって彼の不在を痛感しています。洛陽工業高校との統合によって京都工学院高校と校名が変更になる伏見工業が最後の花園に出場できず、同志社大学がリーグ戦で京都産業大学に一九対七三という歴史的大敗を喫し、そして神戸製鋼が長く低迷しているというのに、平尾に「お前はどう思う？」と意見を求めることすらできないんですから。平尾が生きていてくれたら、私たちが育った場所が直面している大きな危機を、救うことだってできるかもしれない。

　平尾とは、およそ二〇年間、毎日のようにグラウンドで顔を突き合わせていました。初めて会った時のことはよく覚えています。伏見工業の一年生と、中学三年生の京都選抜が試合をしたことがあり、私が伏工一年で、相手チームに平尾がいた。平尾のチームに六トライぐらい決められて、私たちは大敗しました。悔しさなんてありません。ラグビーを始めたばかりの私が、経験値で差のある平尾に勝てるわけがないんです。出会いの時点で、平尾には追いつけないということを悟りました。それでも〝泣き虫先生〟こと山口良治監督は、一五歳の私に向かって「お前が俺の言うことを聞いていたら、きっと日本を代表する選手になる」と言い続け、私もその言葉を信じてラグビーに情熱を注ぎました。それは平尾も同じだったと思います。

　私と平尾は、お互いの弱い部分や欠落している部分を補い合う関係でした。たとえばチームメイトから相談を受けたら、私は率直な意見を口にしますが、どうしても感情的になり過ぎる一面がある。一方の平尾は言葉というより、物事を冷静に判断して、周囲に根回しして問題を解決しようとする。チームのまとめ役としては、平尾の方が優れている。だからこそ、日本選手権を七連覇し、黄金時代を築いていた新日鉄釜石の後塵《こうじん》を拝していた神戸製鋼の主将に平尾を推薦したんです。「お前が言いにくいことは俺が言う」と伝えました。

テレビドラマ「スクールウォーズ」の影響でラグビーが一大ムーブメントとなり、ラガーマンが活き活きとしていた時代でした。そして神戸製鋼が九五年、七連覇を達成した一日半後に阪神淡路大震災が起きました。「日本のラグビー＝神戸製鋼」の時代でした。私は平尾と一緒に日本代表の一員として、第一回と第二回のワールドカップにも出場しました。

九五年の第三回Ｗ杯で日本は、ニュージーランドを相手に、「一七対一四五」という悪夢のような敗戦を経験しました。その後、引退した平尾は九七年に日本代表の監督に就任し、外国人選手を積極的に登用し、日本ラグビーの立て直しに奔走しましたが、成功を収めることはできませんでした。平尾にリーダーシップはあっても、彼を支え、あらゆる戦略を練る参謀が頼りなかったのではないでしょうか。

二〇一五年のＷ杯イングランド大会では、南アフリカに劇的な勝利を飾ることができましたが、私は日本でＷ杯が開催される一九年以降のラグビー界の変革者として、平尾には期待していました。一九年のW杯は自国開催ですから新しい日本ラグビーの顔に、改革者に、平尾にはなってもらいたかった。

私が教育の世界に転身していたため、晩年はなかなか会う機会がありませんでした。最後に会ったのは、ちょうど私が理事長を務めていた芦屋学園の運営トラブルに巻き込まれていた一五年の春でした。私を心配した平尾は「自分が学長でもやりましょうか」と言ってくれてね。「お前の給料なんか払えるか」って。それが最後に交わした会話となりました。そして、平尾が亡くなった日、私は芦屋学園の理事長を辞任する決意を固めたのです。

初出一覧

「『明治百五十年』美しき日本人」「文藝春秋」２０１７年４月号

「文藝春秋を彩った95人」「文藝春秋」２０１８年１月号

「１００年の１００人」「文藝春秋」２０２２年１月号

「１０１人の輝ける日本人」「文藝春秋」２０２３年１月号

※著作権者につきまして、転居先不明のため連絡がつかない方がありました。お気づきの方は、編集部までご一報ください。

文春新書

1407

美《うつく》しい日本人《にほんじん》

2023年5月20日　第1刷発行

編　者　文藝春秋
発行者　大松芳男
発行所　株式会社　文藝春秋
〒102-8008　東京都千代田区紀尾井町3-23
電話（03）3265-1211（代表）

印刷所　理想社
付物印刷　大日本印刷
製本所　大口製本

定価はカバーに表示してあります。
万一、落丁・乱丁の場合は小社製作部宛お送り下さい。
送料小社負担でお取替え致します。

ISBN978-4-16-661407-3